AF355811

P. SERRE

Né à la Monselie (Cantal) en 1867

Mort au Su-Tchuen (Chine) en 1897

SEPT ANS D'APOSTOLAT

LETTRES DU P. SERRE

MISSIONNAIRE AU SU-TCHUEN (CHINE)

PUBLIÉES

Par l'Abbé LESMARIE

Chanoine honoraire de Saint-Flour

BIBLIOTHÈQUE NATIONALE
R.F.
IMPRIMÉS

AURILLAC
IMPRIMERIE MODERNE, 6, RUE GUY DE VEYRE
1903

A Sa Grandeur

Monseigneur Lamouroux, évêque de Saint-Flour,

hommage

de profond respect et, de reconnaissance

BIBLIOTHÈQUE NATIONALE R.F. IMPRIMÉS

BIBLIOTHÈQUE NATIONALE R.F.

LETTRE

DE MONSEIGNEUR LAMOUROUX

ÉVÊQUE DE SAINT-FLOUR

✝
ÉVÊCHÉ
de
SAINT-FLOUR
—✝—

Saint-Flour, le 12 avril 1903

Monsieur le Curé et bien cher Chanoine,

J'ai jeté un coup d'œil sur le nouveau livre que vous vous proposez de publier et dont vous m'avez soumis le manuscrit.

L'introduction ou préface, qui est exclusivement votre œuvre, m'a paru fort intéressante, rédigée dans un style attrayant, et faite, selon l'expression de La Bruyère, de main d'ouvrier.

Elle a dû vous occasionner assez de travail, comme aussi vous obliger à de patientes et longues recherches. Je vous en félicite sincèrement.

Très volontiers, j'autorise l'impression du livre et je bénis l'auteur, ainsi que son œuvre, souhaitant à celle-ci tout le succès qu'il lui désire.

Agréez, bien cher Monsieur le Chanoine, avec mes compliments et ce vœu, l'expression de mes sentiments affectueusement dévoués en N.-S.

✝ JEAN,

Évêque de Saint-Flour.

BIBLIOTHÈQUE NATIONALE
R. F.
IMPRIMÉS

INTRODUCTION

INTRODUCTION

Les Missions de Chine

LE SU-TCHUEN

Le 18 octobre 1860, vers le soir, les fils de la Chine mystérieuse et superbe virent s'allumer, du côté de Pékin, un immense incendie qui, pendant toute la nuit, éclaira la campagne. Au bruit du crépitement des flammes s'évanouissait, en épaisse fumée bientôt dissipée par le vent, une antique demeure dont jamais Européen n'avait foulé le seuil. C'était le Palais d'été des empereurs de Chine, et le nom de Palikao allait constituer l'apanage d'un de nos guerriers.

Le lendemain, les ruines du Palais d'été apprenaient aux Célestes que ceux qu'ils appelaient les Barbares d'Occident venaient de briser un long passé d'isolement, d'ignorance et d'orgueil. Une ère nouvelle commençait. La Chine qui avait prétendu arrêter le cours des siècles et figer sa civilisation dans une immobilité sans fin, subissait l'inéluctable loi du temps transformant toute chose pour conduire l'humanité à l'accomplissement des desseins de Dieu. Quand les peuples ont refusé d'entendre les voix pacifiques, quand ils ont méprisé les sages et torturé les prophètes, comme parle l'Ecriture, le bruit des armées annonce au monde que la justice ou la miséricorde divine vient de faire son œuvre.

* *

Aujourd'hui, malgré les dénis de justice de fonctionnaires défiants ou timides, malgré les fréquents soubresauts de populations trompées par les mensonges des lettrés, malgré les inutiles cruautés, les séditions stériles, les pillages sans cesse renouvelés et châtiés, la Chine est entrée dans le tourbillon qui entraine le monde moderne vers de nouvelles destinées.

La liberté religieuse dont le traité de 1860 assure l'exercice dans tout l'Empire du milieu, est souvent un leurre, mais les persécutions ouvertes et officielles sont devenues difficiles : il faut user de ruse pour persécuter. Les excitations des sectes poussent fréquemment aussi la populace au meurtre des chrétiens. On en trouvera des traces dans les lettres que nous publions. En 1897 et 1898, le massacre de plusieurs missionnaires amena, de la part de l'Allemagne, des réclamations qui durent être entendues. L'histoire a déjà marqué de sa réprobation les atrocités des *boxeurs*, qui, en 1899 et 1900, nécessitèrent l'intervention des puissances européennes et l'occupation de Pékin. Le sang des chrétiens, dans ces diverses périodes, a coulé et des cruautés sans nom ont été commises.

Répandues par les sectes, des calomnies circulent contre les missionnaires, d'autant mieux accueillies qu'elles sont plus invraisemblables. Il en était ainsi parmi les païens de l'ancienne

Rome. L'homme rompt difficilement avec des idées depuis longtemps acceptées. Beaucoup de nos libres-penseurs sont chrétiens à leur insu, pour leur plus grand bien et le nôtre. L'illogisme gouverne nombre d'existences. Le Chinois n'est pas illogique dans ses appréhensions ; son éloignement pour la religion chrétienne est fait de son intérêt immédiat et de son antipathie pour l'étranger. Ce dernier est l'ennemi, peut-être parce qu'il est considéré comme le révolutionnaire. « Pourquoi, dit le Chinois, modifier ce qui vient des ancêtres ? » Les préjugés contre les Européens sont si invétérés que ceux même qui deviennent chrétiens ont de la peine à s'en défendre.

*\
* *

D'où provient l'état d'esprit que nous venons de décrire ?

De l'isolement ; isolement voulu, parce que la Chine, ayant devancé les autres nations dans certaines découvertes, était infatuée de sa supériorité et avait dédaigné les peuples vivant au-delà de ses frontières, isolement possible, parce qu'elle se suffisait à elle-même ; de loin en loin la force s'était imposée à l'Empire du milieu. Elle s'était imposée sous les dehors de la conquête brutale qui courbe les fronts, mais ne peut empêcher les murmures et les révoltes intimes, dégénérant ensuite en sanglantes rébellions. Elle se présente maintenant sous la forme d'un progrès matériel que l'on accepte d'abord avec contrainte comme une nouveauté dangereuse, et que l'on arrive à désirer ensuite comme une condition d'existence. Comment continuer à s'isoler de l'humanité, à l'époque où les plus hautes montagnes ne sont plus un rempart et les mers une protection, où les canons renversent les plus épaisses murailles, où la pensée vole aux extrémités du globe, plus rapide que l'éclair, où l'homme, sur les ailes de la vapeur, franchit en quelques jours d'interminables distances? Le jour approche où le sifflet des locomotives, que l'on va bientôt entendre dans les steppes de la Mandchourie, éveillera sur plusieurs points de l'Empire les échos endormis.

Les générations futures connaîtront probablement une Chine moins rebelle aux nouveautés que celle de leurs pères, moins fermée aux fécondes initiations de l'Occident, plus fidèle aux traités et aux solennelles promesses. L'avancement dans le domaine des choses matérielles, par le contact avec le dehors, peut avoir pour conséquence des progrès d'un ordre plus élevé. Quand l'étranger sera moins redouté, ses doctrines seront plus aisément acceptées. Comme toujours, dans les époques de transition, deux courants sont en présence : l'un dirigé vers l'avenir, l'autre remontant vers le passé. Comme toujours aussi, malgré les apparences contraires, le premier l'emportera. Quand la brèche est faite, amis et ennemis entrent dans la cité. Le missionnaire, pour lequel la France réclama si souvent la sécurité, pourra, sans redouter le retour des vieilles haines, rappeler aux païens ce que dit l'inscription dix fois séculaire de Bi-ngan-fou-Taï-tsung, fondateur de la troisième dynastie, que « ayant mûrement examiné la doctrine chrétienne, s'étant convaincu qu'elle avait la vérité pour base, la perfection pour but, et la paix pour résultat, il ordonna qu'elle fût enseignée à ses peuples, et décréta qu'une église serait élevée à la nouvelle religion dans la capitale ». (1)

*
* *

Le silence qui se fit sur l'Eglise de Chine, pendant cinq siècles, du VIIIe au XIIIe, cessa sous la domination des empereurs mongols. Au commencement du XIVe siècle, un franciscain, Jean de Montecorvino, gouvernait l'Eglise de Chine, sous le règne d'un successeur de Gengis-Kan, avec le titre d'archevêque de Cambalu ou Pékin et de primat d'Orient. Après l'expulsion des princes mongols, de nouveau le silence s'étendit sur les missions de Chine, puis on sut qu'elles reprenaient leurs travaux interrompus.

Au mois de février 1692, fut publié un édit accordant aux missionnaires la plus entière liberté. On a estimé à *huit cent mille* le nombre des catholiques chinois à cette époque. Au début du XIXe siècle, après la Révolution française qui arrêta l'élan des missionnaires, ce nombre descendit à *deux cent mille* ; il atteint aujourd'hui presque un million. Les travaux des missionnaires, dans le dernier siècle, n'ont pas été stériles. Plus de *quarante* évêques, *quatre cents* prêtres indigènes, environ *sept cents* missionnaires européens, membres de la Société des Missions étrangères de Paris, lazaristes, francis-

----

(1) Annales de la Propagation de la Foi, année 1848.

cains italiens et espagnols, missionnaires de
Steyl en Hollande, de Schent en Belgique, de
Milan, Pères Trappistes, Jésuites, rivalisent de
zèle pour la conversion des Chinois à la religion
catholique et le soulagement des misères qu'ils
rencontrent (1). Le gouvernement français s'est
honoré, en décorant, en 1897, de la croix de
chevalier de la Légion d'honneur, le vicaire
apostolique du Su-Tchuen occidental. Mgr Du-
nand qui, à cette époque, avait déjà passé en
Extrême-Orient trente années et, après les terribles affaires de Pékin, en 1900, Mgr Favier.
dont le nom est synonyme de courage et de
vertu. En même temps que Mgr Favier, recevaient l'étoile des braves, parmi ceux qui avaient
échappé aux massacres des *boxeurs*, plusieurs
religieux, entr'autres, le P. Laveyssière, de notre dioeése de Saint-Flour, attaché aux Missions
étrangè:es. Nous l'avons vu, en 1902, portant
modestement sur sa poitrine le signe de l'honneur, prêt à repartir à la conquête des âmes.
Celui qui écrit ces lignes et qui fut jadis un de
ses professeurs, comme il l'avait été du P. Serre,
baisa avec émotion les blessures reçues pour
l'amour de Jésus-Christ et la gloire du nom
français.

Evêques et prêtres sont aidés par des Frères
de divers ordres et par des religieuses européennes ou chinoises. Filles de la charité aux
blanches cornettes ou à la coiffe noire de canossa,
sœurs de Saint-Paul de Chartres. si connues en

____

(1) Les *Missions catholiques françaisess au XIXe siècle.* Tome
III. -- Paris, Armand Colin.

Cochinchine, tertiaires de Saint-François, franciscaines de Marie, Carmélites déchaussées, Sœurs indigènes de Saint-Joseph, du très saint et immaculé Cœur de Marie et de la Providence, toutes travaillent, en grand nombre, et bien d'autres encore avec elles, à prier pour les infidèles, à instruire la jeunesse, à soigner les malades dans les hôpitaux, les vieillards et les infirmes dans les hospices, les petits abandonnés dans les importants établissements de la Sainte-Enfance, soutenus par la charité naïve et touchante des enfants de nos familles chrétiennes.

Des milliers d'églises, chapelles, oratoires, ou simples maisons de prière, se sont élevées sur le sol de la Chine. On n'évalue pas à moins de *trois mille* le nombre des écoles dépendant des missionnaires, et à moins de *quarante-cinq mille* celui des enfants qui les fréquentent. A ces écoles, il convient d'ajouter les séminaires, les collèges (1) et les écoles normales. Dans le domaine de la charité, que de merveilles! Nombreux sont les hôpitaux, plus nombreux encore les dispensaires. Dans le seul vicariat apostolique de Pékin et du Tchély septentrional, confié aux Lazaristes, le chiffre des malades traités aux dispensaires s'élève annuellement, en moyenne, à *trente-cinq mille* (2).

*
* *

Pourquoi des hommes et des femmes accomplissant de tels prodiges avec des ressources

---

(1) Dans les lettres que nous publions, il est souvent question d'un de ces collèges.

(2) L'*Apostolat extérieur*, tome III, Chine et Japon.

forcément restreintes, sans aucune préoccupation personnelle, sans espoir d'une récompense terrestre, avec la perspective d'épreuves à subir toujours, d'une mort cruelle à affronter quelquefois, ne désarment-ils pas toutes les colères ?

Quand on les poursuit dans leur propre patrie, c'est qu'on les ignore et il est du devoir de ceux qui savent, de les faire connaître. « Les sectaires savent-ils qu'en Orient, en Extrême-Orient, ces religieux poursuivis chez nous comme rétrogrades, sont peut-être les meilleurs pionniers de notre civilisation ? Ignorent-ils qu'à l'étranger, en Asie, en Afrique, en Amérique, en Océanie, nos religieux de toutes robes sont les principaux et souvent les seuls propagateurs de l'influence française ? Le jour où la France, pour obéir aux sommations de l'anticléricalisme, aura lâchement abdiqué sa fonction de grande nation catholique, la France sera singulièrement diminuée, aux yeux même des peuples où le nom français avait gardé le plus d'éclat ĕt le plus d'amis. Ce sera pour nous le signal de la décadence définitive, de l'irrémédiable déchéance préparée et hâtée par des mains françaises. A l'heure fatidique des compétitions universelles entre les peuples et les races, nous aurons nous-mêmes rejeté et brisé, comme inutile, le traditionnel instrument de notre ascendant ou de notre suprématie au loin. Il coûte de le dire, mais la conscience le crie : Quand la politique radicale-socialiste ne détruirait pas, pièce à pièce, tout ce qui a fait jusqu'ici, à travers tant d'épreuves, la force, la richesse et l'honneur de

la France ; quand elle ne menacerait point d'é-
nerver ou de briser notre armée, notre flotte,
nos finances, notre crédit, notre industrie ; quand
elle ne porterait pas la main sur nos libertés les
plus chères et les plus saines ; quand elle ne
ferait que s'attaquer à la croix de nos missionnaires et au crucifix de nos sœurs, que proscrire
les congrégations, fermer leurs écoles, tarir leurs
ressources et arrêter leur recrutement, la politique radicale-socialiste, par cela seul, porterait
à notre puissance et à notre expansion dans le
monde un coup peut-être mortel. Veut-on la ca-
ractériser d'un mot ? Il n'y en a qu'un ; il a été
déjà dit : la politique de l'anticléricalisme est,
pour la France, une politique de *suicide national* » (1).

Et quand on persécute nos missionnaires et
nos religieuses dans leur pays d'adoption, c'est
que, dans l'impossibilité de soupçonner l'idéal
catholique, on leur attribue des vues intéressées.
Il est permis de penser qu'à la longue, le développement régulier du clergé indigène, la sa-
gesse des pasteurs, la fidélité du troupeau, le
dévouement au peuple, la charité qui touche les
cœurs les plus rebelles, finiront par triompher
des injustices administratives et judiciaires des
mandarins. L'accroissement du nombre des catholiques, au XIXe siècle, autorise l'Eglise de
Chine, dans les conditions du monde moderne, à
espérer, pour le siècle présent, de nouveaux
progrès.

---

(1) Leroy-Beaulieu : *Revue des Deux-Mondes*. Mars 1903.

XX

*
* *

Or, à l'est du Thibet, entre le Chensi et le Kan-Sou, le Yun-Nan et le Kouy-Tcheou, s'étend la vaste province chinoise de Su-Tchuen: sillonnée de riantes montagnes, traversée de nombreux cours d'eau, coupée de vallées profondes et fertiles, cette contrée présente aux regards du voyageur de beaux points de vue, l'aspect de riants vergers, de grasses rizières, des champs de pavots d'où sort l'opium le plus réputé du Céleste-Empire, poison des corps et des âmes. Les restes de beaux édifices racontent la gloire des ancêtres, des cités florissantes disent l'activité des générations vivantes, les produits de toute sorte sont le gage de l'avenir et promettent l'abondance à ceux qui les exploiteront. Le sol renferme dans son sein les richesses minérales : de la terre sortent les moissons ; dans la race sont déposées les qualités de l'ouvrier agricole, de l'habile artisan, de l'homme de négoce.

Cinquante-cinq millions d'habitants naissent, vivent et meurent sur ce pays fécond, vaste comme un des Etats de premier ordre de notre monde occidental. Mais, tandis que le moindre de ceux-ci joue sur la machine ronde un rôle qui s'impose à l'attention de l'humanité, une province de Chine, simple division administrative dirigée par un vice-roi, gouvernée ou exploitée par des mandarins de haut vol ou de petite envergure, est à peine connu de quelques professionnels (1).

____

(1) Relation du prince Henri d'Orléans et de M. Bonvalot, à la Société de Géographie.

*
* *

Pour être peuplés d'êtres qui semblent compter à peine, dans la grande lutte des peuples pour l'influence et l'intérêt, ces vastes domaines, du grand Empire, sont comme les puissants royaumes, aux yeux de Dieu. Celui qui étend sur tous sa paternelle sollicitude, pour qui une âme vaut une autre âme, entend les plaintes les plus discrètes, les appels les plus secrets, les aspirations les plus confuses, et, du fond de l'Occident, il a lancé, sur les lointaines collines, au milieu des larges plaines de l'Extrême-Orient, au bord des cours d'eau qui vont se perdre dans les flots orageux des mers de Chine, des légions de missionnaires. C'est en France qu'il a choisi les apôtres du Su-Tchuen. A la voix du Père commun des hommes, trois évêques et 117 prêtres, membres de la Soctété des Missions étrangères de la rue du Bac, et divisés en troix petites armées, combattent pour la vérité sur le champ de bataille que le vicaire de J.-C. leur a assigné.

*
* *

. Le Su-Tchuen, en effet, a été divisé par l'Eglise en trois vicariats : occidental, méridional, oriental. Le premier est le plus ancien en date. Le vicariat oriental fut érigé en 1856, et le vicariat méridional en 1860. Chen-Tou, capitale de la province entière, est, en même temps, la résidence du vicaire apostolique du Su-Tchuen occidental, Mgr Dunan, tandis que Mgr Chouvellon, qui a la charge de la partie orientale, réside à Tchong-Kin, et Mgr Chatagnon, vicaire apostolique de la partie méridionale, a son siège à Souy-Fou.

On peut compter à peu près *cent mille* catholiques, quarante mille musulmans et, pour le reste, des adeptes de Boudha, de Confucius et de quelques autres sectes. Le nombre des protestants est insignifiant ; peut-être irait-on, en les énumérant, au chiffre de *cinq cents*. Les gens affiliés aux sociétés politiques secrètes sont légion (1). Telle est la situation au moment où nous écrivons (1903).

*
* *

L'auteur des lettres que nous publions appartenait au vicariat apostolique du Su-Tchuen oriental. Tour à tour directeur de l'imprimerie des missionnaires, chargé de l'évangélisation dans plusieurs districts, professeur au collège apostolique, chef de la procure, ses lettres nous le montrent se prêtant à tout, parce qu'en tout il ne veut voir qu'un point, un seul : la volonté de Dieu, exprimée par la volonté de ses supérieurs.

« Les gens affiliés aux sociétés politiques secrètes sont légion », avons-nous dit plus haut. Ces sociétés ont été et sont la cause principale des persécutions contre les Européens en général et en particulier contre les missionnaires. U-Man-tsé, dont parle à plusieurs reprises le P. Serre, est sorti d'une de ces sociétés. Il a été un chef de bandes redouté dans tout le Su-Tchuen qu'il a terrorisé pendant de longues années,

____

(1) Les *Missions catholiques.* Février 1903.

connaissant le degré de fermeté des mandarins et riant de leurs foudres, comme il s'est moqué de la condamnation à mort prononcée à Pékin contre lui.

C'est également à ces sociétés politiques secrètes qu'appartiennent ces *boxeurs* dont les atrocités ont excité de si légitimes indignations et ont nécessité, en 1900, l'intervention armée des puissances européennes.

Dans plusieurs de ses lettres, notre missionnaire montre clairement qu'il prévoyait une recrudescence de difficultés et même de persécutions. Hélas! il ne s'est pas trompé. Depuis 1897, année de sa mort prématurée, que de souffrances, que de sang versé dans les diverses parties de l'immense Empire chinois, dans le Su-Tchuen, en particulier! Mais le sang des martyrs, selon la parole qui se vérifie depuis tantôt vingt siècles, est une semence de chrétiens. Les difficultés de l'apostolat s'accumulent et, malgré tout, les apôtres se succèdent, parce qu'à leurs oreilles retentit sans cesse la parole divine : « Je suis avec vous chaque jour jusqu'à la consommation des siècles ».

C'est bien cette parole qui a inspiré et soutenu celui dont nous publions une partie de la correspondance pendant sept années d'un fécond apostolat. Il est mort à la peine, dans la fleur de l'âge, plein de mérites. On aime à recueillir les impressions des belles âmes, de ces âmes d'apôtres dont la générosité est si éloquente, en un temps où l'égoïsme tend à devenir si envahissant.

Cette publication, demandée par les amis et les admirateurs du jeune missionnaire, nous a paru ne devoir pas être tout à fait inutile.

Et il a semblé bon de la faire précéder de cette notice, puisée aux sources, sur les missions de Chine et en particulier du Su-Tchuen. C'est le cadre pour le tableau.

L'abbé LESMARIE,
Chanoine honoraire de Saint-Flour.

25 mars 1903.

A Monsieur le chanoine COURCHINOUX,
Directeur de la *Croix Cantalienne*.

Monsieur le Directeur,

Sous le titre : le Voyage du Missionnaire, *il y a dix ans, la* Semaine Catholique *publiait les lettres qu'écrivait à son bienfaiteur et à sa famille un jeune prêtre des Missions étrangères, notre compatriote, l'abbé Serre, de la Monselie, canton de Saignes.*

Ces lettres relataient les impressions du jeune apôtre, au cours du long chemin de Paris au Su-Tchuen oriental (extrémité de la Chine). Lues avec intérêt, elles furent ensuite éditées en un volume plusieurs fois réimprimé à la librairie Cattier, à Tours.

Le P. Serre est mort, il y a quatre ans, après sept années d'apostolat, à la fleur de l'âge.

Les lettres qu'il a écrites pendant ces sept ans, de 1891 à 1897, m'ont été confiées.

Voulez-vous, pour les publier, me prêter, deux fois la semaine, le rez-de-chaussée de la Croix ? *Il semble que vos nombreux lecteurs leur feront bon accueil à cause de l'élévation de sentiments qu'elles contiennent, du zèle apostolique qu'elles révèlent ; j'ajouterai à cause aussi de leur valeur littéraire et de la note patriotique qui s'y trouve sans cesse.*

Ne pensez-vous pas d'ailleurs que l'heure de telles publications n'est nullement inopportune? Il n'est guère besoin d'en donner ici les raisons.

Laissez-moi donc vous remercier d'avance de votre gracieuse hospitalité.

L'abbé Lesmarie.

LETTRE I

Ubi Crux, ibi Patria

Les âmes ! Le Ciel !

A. M. D. G.

A son bienfaiteur

Sommaire

Arrivée au Su-Tchuen oriental. — Remerciments et retour de pensées. — Tchong-Kin. — Cha-Pin-Pa. — Premières occupations.

Cher et vénéré Père,

Echo prolongé de tant de voix si chères, expression fidèle des sentiments les plus affectueux, votre bonne lettre est venue porter à son comble la félicité que je goûte au milieu de mes nouveaux frères. Cette aimable missive me disait : « Plus que jamais la pensée de l'absent est présente au foyer de la famille et dans mon cœur. Chaque jour son souvenir accompagne au saint autel le vieux pasteur dont la consolation suprême est d'avoir donné un missionnaire à Jésus. Chaque jour montent vers le ciel les vœux de ceux que vous avez quittés. Tous acceptent avec résignation une croix qui, courageusement portée, est leur soutien inébranlable ; éloignés de celui qu'ils aiment, ils se rap prochent davantage du bon Dieu auprès de qui ils sont assurés de le retrouver....»

Après cela, cher et vénéré Père, comment ne bénirais-je pas la divine Providence qui daigne ainsi verser sur de cruelles blessures un baume incomparable ? —

Gloire donc à Jésus ! gloire à Marie ! Et à vous, auxiliaire zélé de la grâce, merci du fond du cœur. Cette action surnaturelle de la grâce, chaque jour plus visible dans des âmes naguère encore désolées, vous l'avez préparée et puissamment favorisée. Vous l'aiderez sans cesse de tout votre pouvoir, j'en suis sûr, auprès de ceux que j'ai quittés pour répondre à l'appel de Dieu.

En reconnaissance d'un tel dévouement que puis-je faire ? Venir vous retrouver souvent par la pensée, pour m'unir, dans votre chère église, à vos prières. Et vous-même vous ne refuserez pas de franchir les espaces et de vous transporter en esprit dans une région lointaine, inconnue, où je vous servirai de guide.

A quatre lieues environ de Tchong-Kin, au fond d'une paisible retraite dont je vous parlerai tout à l'heure, se dresse un modeste oratoire que Jésus daigne honorer de sa présence continuelle. C'est là que, chaque matin, vers six heures, j'ai le bonheur d'offrir le saint sacrifice de la messe. En France, il est alors onze heures du soir environ. Si parfois le sommeil fuit vos paupières en ce moment, laissez un instant votre pensée s'égarer vers le Su-Tchuen oriental, s'arrêter à Cha-Pin-Pa, laissez votre cœur s'unir au mien pour demander à Jésus-Hostie de répandre sa bénédiction sur nous, sur tous ceux qui nous sont chers, sur l'Eglise, sur la France, sur nos pauvres et bien-aimées missions!

Oh ! oui, ayons à cœur de réaliser ces belles paroles du chant du départ :

Restons unis par de saintes prières
Restons unis dans l'amour de Jésus !

Cha-Pin-Pa, c'est encore l'inconnu pour vous, et mon devoir est de vous en montrer sans retard le chemin. Auparavant, je veux toutefois vour ramener à Tchong-Kin. C'est la capitale du Su-Tchuen oriental, le centre de notre chère mission, la terre où la semence évangélique a produit le plus de fruit jusqu'ici.

*
* *

Vous dire la population de Tchong-Kin ne serait pas chose facile. Le recensement fait en 1886 porte à *quatre cent mille* le nombre des habitants. Le nombre exact se détermine difficilement à cause des immigrations et des émigrations continuelles. Le Chinois, de sa nature, est peu stable ; il aime à voyager, à courir le monde, à faire du négoce, à chercher fortune à droite et à gauche, ce qui n'empêche pas à Tchong-Kin, comme ailleurs, la moindre masure d'abriter jusqu'à quinze, vingt, trente personnes, sans compter les petits animaux, relégués dans les coins et qui, en Chine, font partie intégrante de la famille.

Le nombre des chrétiens, malgré la persécution de 1886, qui a tout mis à feu et à sang, s'élève à *quatre mille*, dans la cité seule. Deux églises desservies par des prêtres indigènes, un orphelinat confié à des vierges chinoises attestent l'activité et le zèle de nos missionnaires.

A côté de ces établissements à demi épargnés par la persécution, un autre vient de se relever de ses ruines : c'est la résidence épiscopale. Le vaillant évêque du Su-Tchuen oriental, Mgr Coupat, n'a pu en voir l'achèvement. Miné depuis longtemps par une maladie qu'avaient aggravée les fatigues et les privations, il s'est éteint le 26 janvier 1890, après 23 ans d'apostolat. Trois missionnaires habitent à ce moment la résidence : le P. Blettery, provicaire, digne vieillard de 65 ans, qui par humilité a refusé l'épiscopat, le P. Lorain, procureur de la Mission, et le P. Bonnet, chargé d'un district avoisinant.

Avec eux, nous trouvons aussi, à notre arrivée, quelques autres missionnaires, venus pour l'élection de l'évêque. Bientôt paraît une nouvelle figure, celle-là doublement sympathique : c'est le P. Pons, le persécuté de Ta-Tsiou, non loin de la capitale. Plein de zèle et d'admirable énergie, il ne s'est pas laissé abattre par le malheur, et la première tourmente passée, a regagné le poste d'honneur confié à sa garde. La majeure partie de son troupeau avait été, par ses soins, mise en sûreté à Tchong-Kin et dans les chrétientés environnantes. Que lui importait, après cela, d'exposer sa vie. Le bon Dieu a couvert son missionnaire d'une protection spéciale, mais pour lui laisser con-

templer toute l'étendue de son désastre. A
Ta-Tsiou, le feu a achevé ce que le pillage
avait commencé. Plus de chapelles, plus d'écoles ; des ruines, partout des ruines. Laissant la
garde du district à M. Ruelland, le Père a pris
le chemin de Chan-Ton, pour faire appel à la justice chinoise. Les mandarins ont promis monts et
merveilles, mais une longue expérience a
prouvé ce que vaut leur parole. Des soldats
cependant ont été envoyés et deux chefs des
rebelles pris. Pour amener cette mesure éner-
gique, il n'a fallu rien moins que la main du
bon Dieu qui, lui, se charge de prévenir la justice lente des hommes. Après avoir terriblement sévi contre les chrétiens, la fureur des
rebelles atteignait, par un juste retour, ceux-là
même qui peut-être l'avaient excitée en secret :
les païens, menacés dans leurs personnes et
leurs biens, commençaient à jeter les hauts
cris, et sans doute leurs réclamations plutôt que
les nôtres ont décidé les mandarins à sortir de
leur inaction.

La gravité de la situation présente, bien
qu'elle jette sur tous les fronts un voile de tristesse, n'a pas banni complètement de nos cœurs
la sainte joie des enfants de Dieu. Le P. Pons
donne l'exemple et est le premier à faire
preuve d'un entrain tout apostolique. Nous
l'imitons et, comme lui, nous aimons à nous
reposer sur le bon Maître de l'avenir. Mais
comme il est du devoir de chacun de nous de
travailler dans la mesure du possible à le rendre meilleur, nous nous efforçons d'attirer par

nos prières les bénédictions du Ciel sur le Su-Tchuen oriental et en particulier sur les malheureux persécutés de Ta-Tsiou.

*
* *

Cependant il faut songer à se séparer. Les confrères les plus éloignés partent les premiers. Quant à moi, trois heures doivent me suffire, pour franchir en chaise à porteur les quatre lieues qui séparent Cha-Pin-Pa de la capitale.

Comme toutes les routes chinoises, celle qui mène de Tchong-Kin au collège est semée de nombreux accidents. Les escaliers y abondent, surtout au sortir de la ville ; parfois aussi elle se réduit à une chaussée des plus étroites, bordée de chaque côté par des rizières remplies d'eau ; le moindre faux pas amènerait un bain forcé des moins agréables. Heureusement les porteurs ont le pied solide. Habitués à suivre chaque jour les chemins les plus escarpés, ils s'avancent rapidement à travers la campagne et me déposent bientôt à la porte du collège.

Je m'attendais à trouver ici une petite ville, et voilà que je n'aperçois tout d'abord qu'une longue muraille circulaire bordée à l'intérieur d'un épais rideau de bambous. Au milieu se cache le modeste asile des jeunes lévites du Su-Tchuen oriental. C'est une vaste maison chinoise, longue d'une centaine de mètres, large de cinquante environ. Un riche païen l'avait construite pour s'attirer de la renommée et se frayer ainsi le chemin des honneurs. Déçu dans ses espérances, il la vendit à des chrétiens qui la cédèrent à l'évêque de Tchong-Kin, alors Mgr Desflèches. Pendant plusieurs années elle servit de retraite aux vétérans brisés par les fatigues de l'apostolat. Puis lorsque la persécution de 1886 eut ruiné de fond en comble les deux séminaires de la région, les maîtres et les élèves se retirèrent à Cha-Pin-Pa.

Réunis dans la première cour pour la récréation, les élèves accourent à mon arrivée et viennent me faire le *Ko-tson*, la grande salutation chinoise qui consiste à se prosterner, en inclinant le front jusqu'à terre. Puis, l'un des professeurs, le P. Deroche, qui est venu me prendre à Tchong-Kin, me présente aux autres Pères. La connaissance se fait vite : les enfants d'une même famille s'aiment avant même de se voir, et dès le premier instant règne entre eux la plus franche cordialité.

Mon séjour ici ne dépassera pas quelques mois, juste le temps d'apprendre un peu de chinois et de faire part aux imprimeurs de ma *science typographique et galvanoplastique*. J'irai ensuite, comme tous mes confrères à la recherche des brebis égarées.

Le point important est maintenant d'apprendre la langue, comme je viens de l'écrire. Demain, lundi, 16 février, aura lieu l'ouverture des cours. S'il faut en juger par ce que j'ai entendu dire, ce n'est pas la plus intéressante ni la plus facile des études ; je vous en parlerai après sérieux examen de la question.

J'écrirai le plus souvent possible ; adieu.

Votre missionnaire.

Cha-Pin-Pa, le 15 février 1891.

LETTRE II

Ubi Crux, ibi Patria.

Les âmes ! Le Ciel !

 A. M. D. G.

A son bienfaiteur.

Sommaire

Humilité apostolique. — La persécution à Ta-Tsiou ; martyrs. — Perfidie des mandarins : conduite courageuse du P. Pons. — Calme à Cha-Pin-Pa.

Cher et vénéré Père,

Oui, certes, j'étais bien loin de songer que j'écrivais pour le public, (1) lorsque à bord du *Yang-Tsé* et de la *Santa-Maria*, je jetais à la hâte sur le papier mes impressions de voyage.

Répondre aux désirs de mes parents et aux vôtres, adoucir pour tous les amertumes de la séparation, en vous faisant éprouver l'agréable illusion de me suivre jusqu'en Chine, tel était mon seul but.

Je n'ai garde de récuser les raisons que vous me donnez de la publication de mes lettres. Je serais heureux si le bon Dieu daignait se servir de ma faible voix pour allumer une étin-

(1) La *Semaine Catholique* publiait en ce moment les lettres qui ont paru en un volume intitulé : *Le Voyage du Missionnaire.*

celle de feu sacré au fond de quelques âmes privilégiées.

Mais, d'après la Règle de notre Société, les lettres des missionnaires ne doivent pas être publiées, autant que possible, sans la permission des supérieurs. Il peut échapper des choses dont on ne voit pas d'abord toute la portée, puis des relations écrites au courant de la plume laissent souvent beaucoup à désirer.

Que tout cela soit dit sans aucune intention de vous blâmer. Je ne puis que vous remercier vous, M. Lesmarie (1), et tous les amis qui veulent bien s'intéresser au jeune missionnaire.

*
* *

Je vous parlais dans ma dernière lettre de la persécution de Ta-Tsiou, mission voisine de la nôtre.

Les affaires de cette mission sont loin d'être arrangées, grâce au mauvais vouloir des mandarins. C'est une vraie dérision que la justice chinoise, si toutefois on peut donner ce nom à des agissements indignes dont la seule fin est de transformer les bourreaux en victimes et les victimes en bourreaux. Pour vous en donner une idée, voici quelques détails sur la dernière persécution dont le district de Ta-Tsiou a été le théâtre.

Deux fois déjà, en 1886 et 1888, l'oratoire de Long-Chon, marché situé près de Ta-Tsiou,

____

(1) J'avais été un des professeurs de l'abbé Serre, au Petit Séminaire de Pleaux et je dirigeais, en ce moment, la *Semaine* du diocèse qui publiait les lettres en question.

avait été détruit par les païens. Deux fois, le P. Pons, sans se laisser décourager, l'avait relevé de ses ruines. Le calme semblait rétabli ; païens et chrétiens vivaient dans une harmonie parfaite et rien ne faisait prévoir de mauvais jours.

Vers la fin de juillet 1890, des rumeurs peu rassurantes commencèrent à circuler dans le pays. Des voyous parcouraient les campagnes, excitant les ouvriers des mines de charbons et des hauts-fourneaux à se jeter de nouveau sur l'oratoire. Le coup devait se faire le 4 août, jour de la fête du *Lin Kouan* ; on appelle ainsi une fête des idoles qui, chaque année, réunit une foule considérable à Long-Chouy ; c'était précisément à cette occasion qu'avaient eu lieu les troubles antérieurs. Avertis par M. le Provicaire, les mandarins levèrent la garde nationale et prirent des mesures sérieuses afin d'empêcher une nouvelle émeute. Ces précautions n'étaient pas inutiles : le 4 août, dès neuf heures du matin, une foule énorme se jetait sur l'oratoire, aux cris de : « Mort aux chrétiens ! » et essayait d'enfoncer la porte d'entrée. Repoussés par les gardes nationaux, les bandits se dispersèrent un instant pour se réunir de nouveau, le soir, et piller une quinzaine de maisons chrétiennes. De là, ils allaient porter leurs ravages dans la campagne environnante, lorsque la garde nationale arriva et les obligea encore une fois à prendre la fuite.

En somme, malgré les quelques dégâts commis, la victoire demeurait aux représentants de l'ordre : mais loin de se laisser décourager par ce premier échec, les émeutiers reviennent plus nombreux, le 12 août ; ils courent d'abord à l'oratoire, que le P. Pons vient de quitter, et le brûlent après l'avoir pillé ; plus de trente maisons chrétiennes ont le même sort. Mais ces monceaux de ruines et de cendres ne suffisent pas aux persécuteurs ; il leur faut du sang, le sang de ces chrétiens dont ils ont juré la perte ; ils les traquent partout comme des des bêtes fauves : deux catéchistes et un enfant de quatorze ans tombent d'abord sous leurs coups ; deux autres chrétiens sont saisis et amenés à la pagode. Pour les forcer à apostasier, on les expose tout nus, pendant plusieurs heures, à un soleil ardent ; de fréquentes aspersions d'eau bouillante viennent encore ajouter à la cruauté de ce supplice ; rien n'y fait : les héroïques confesseurs demeurent inébranlables et meurent enfin, martyrs de leur foi. Les bandits massacrent encore un petit enfant, puis traînent tous ces cadavres à l'oratoire, les entassent au milieu d'un immense brasier et jettent ensuite les cendres dans la rivière pour faire disparaître jusqu'aux moindres vestiges de leurs crimes.

Deux jours après, 14 août, la bande dévastatrice se porte sur Ma-Pao-Tchang, marché situé à peu de distance de Long-Chouy ; là se renouvellent les scènes lugubres de l'avant-veille : deux chrétiens sont tués, l'oratoire et les maisons chrétiennes pillés et incendiés. Dès lors

les persécuteurs règnent en maîtres et le régime
de la terreur pèse sur toute la contrée.

*
* *

Pendant ce temps, que faisaient les mandarins ? Au lieu d'étouffer la révolte dans son
principe et d'envoyer des soldats prendre les
émeutiers, ils avaient d'abord tergiversé ; puis
voyant les choses s'aggraver et craignant d'être
destitués, il commençaient à dénaturer la vérité
des faits : à leur dire, il s'agissait d'une simple
querelle entre paysans et chrétiens, dans
laquelle les chrétiens avaient naturellement
les plus grands torts. Bientôt même, ils allèrent
jusqu'à mettre sur leur compte les forfaits commis par les bandits. Dès lors, l'audace de
ceux-ci ne connut pas de bornes : soutenus par
les mandarins et assurés de l'impunité, ils mul-
tiplièrent leurs exactions jusqu'au jour où les
payens eux-mêmes, ne se sentant plus en sûreté,
demandèrent à grand cris des soldats pour
réprimer ces brigandages.

Le 6 janvier, un commissaire arrivait de nuit
à Long-Chouy avec 5o hommes, afin de s'empa-
rer des chefs des rebelles. Le coup devait se
faire à l'improviste ; il échoua malgré toutes les
précautions ; les bandits s'échappèrent et, deux
jours après, revinrent, en grand nombre, livrer
bataille aux soldats. Ceux-ci les repoussèrent et
leur tuèrent deux hommes ; mais craignant
une nouvelle attaque et ne se sentant pas en
force, ils se retirèrent dans la ville de Ta-Tsiou
qui est fortifiée. Depuis, leur nombre a été con-

sidérablement augmenté : néanmoins ils ne quittent pas leurs casernements et laissent les brigands continuer leurs pillages. On parle cependant d'une grande bataille prochaine et décisive. Dieu veuille qu'elle ramène le calme dans le district de Ta-Tsiou !

Quant aux pauvres chrétiens, chassés de leurs demeures, ils ont cherché un asile à Tchong-Kin et dans les chrétientés voisines. La mission est ainsi obligée de pourvoir à la subsistance de plusieurs centaines de personnes.

Devant la mauvaise volonté des mandarins, le P. Pons a pris un parti extrême : il est allé à Pékin même, exposer au ministre de France notre véritable situation. Espérons qu'avec la grâce du bon Dieu cette démarche réussira.

Par la divine miséricorde, nous n'avons ressenti aucun trouble à Cha-Pin-Pa. Priez pour les persécutés de notre chère mission.

A vous dans le Sacré-Cœur de Jésus.

Votre Missionnaire.

Cha-Pin-Pa, 17 avril 1891.

LETTRE III.

Ubi Crux, ibi Patria !

Les âmes ! le Ciel !

A. M. D. G.

A ses parents.

SOMMAIRE

Tristesse et résignation. — Les âmes du Pur-
gatoire. — Pour les missionnaires. — Le
climat du Su-Tchuen. — Baptême de Fièvre.

Parents bien-aimés,

Malgré ma confiance illimitée dans la divine
Providence entre les bras de laquelle je vous
dépose chaque jour au saint autel, je ne pouvais, depuis quelque temps, me défendre d'une
certaine inquiétude : votre silence prolongé
m'effrayait et mon cœur, encore tout saignant
d'une récente blessure (1), y voyait le présage
d'un nouveau malheur. Grâces à Dieu, mes
craintes ne se sont pas réalisées : Notre-Seigneur Jésus daigne se contenter pour le moment d'un sacrifice que nous avons tous accepté avec résignation et amour. Remercions
ce bon Maître de ne pas demander davantage à
nos pauvres cœurs, remercions-le de ne pas
aggraver la croix qui déjà pèse si lourdement

(1) La mort prématurée de sa jeune sœur.

sur nos faibles épaules. Oui, mes bien aimés, remercions-le, mais souvenons-nous sans cesse que l'épreuve, la souffrance, la tribulation doivent être le pain quotidien des chrétiens vraiment dignes de ce nom, de ceux qui aspirent à marcher dans la voie royale suivie par notre divin Sauveur. Cette voie est la seule qui mène au ciel : rude, escarpée, semée de ronces et d'épines, elle déchire souvent les pieds des voyageurs qui s'y engagent ; beaucoup, à la première difficulté, à la première douleur, s'arrêtent ou reviennent en arrière pour chercher un chemin plus commode. Il n'en sera pas de même de nous. Appuyés sur la croix de Jésus, nous irons toujours, sans regarder en arrière, sans nous consumer en regrets inutiles. Nous irons, entièrement résignés à la volonté du bon Dieu, prêts à recevoir de sa main, avec une égale soumission, et les joies et les tribulations et les biens et les maux, ne cessant toutefois de penser à ceux qui nous ont précédés dans la tombe.

Chaque jour, je le sais, vous unissez dans un même souvenir, dans une même prière, tous les absents, et ceux qui sont partis pour l'autre monde et celui qui vous a quittés pour aller gagner quelques âmes au bon Dieu. Au nom de Jésus, laissez-moi vous remercier du fond du cœur et vous féliciter d'avoir accepté ou plutôt continué une si sainte et si pieuse pratique.

Il m'en souvient, lorsque je vivais encore au milieu de vous, la prière pour les morts était de tradition au foyer de la famille : « Doux Jésus, donnez le repos éternel aux âmes du Pur-

gatoire, s'il vous plait, » disions-nous tous ensemble, après la prière du soir ; et cette invo-
cation répétée plusieurs fois formait le petit chapelet des défunts. Continuez, mes biens-aimés,
à réciter au moins une dizaine de ce chapelet
béni. Et puisque vous avez bien voulu y ajouter
des invocations pour les missionnaires, laissez-
moi vous en indiquer quelques-unes que vous
pourrez apprendre à mes chères petites nièces et
réciter tous ensemble, chaque soir :

Reine des Apôtres.........................
Reine des Martyrs.........................
Reine des Confesseurs....................
Etoile de la mer, priez pour nos missionnaires.

A ces quatre invocations vous pourrez ajouter
un *Souvenez-vous* ; cette prière quotidienne,
faite par des cœurs qui me sont si dévoués, sera
pour moi, je n'en doute pas, une source de
grâces continuelles, un moyen efficace entre
tous de devenir un véritable apôtre.

*
* *

Parlons du Su-Tchuen oriental où mes dernières lettres vous ont introduits et vers lequel
votre pensée doit se porter bien des fois, j'en
suis sûr.

Plus de quatre mois déjà se sont écoulés, depuis le jour où je suis arrivé dans cette chère
mission. Comme ce temps a passé vite ! Il est
vrai que les occupations ne m'ont pas manqué.
Mais que voulez-vous, je ne suis pas venu en
Chine pour chercher le repos.

Il y a près d'un mois que j'ai quitté le collège.

Une légère indisposition m'a retenu à Tchong-Kin. Néanmoins je partirai un de ces jours pour Pi-Chan, district à une dizaine de lieues de la capitale, vers le nord-ouest. Là, sous la direction d'un vieux confrère, j'étudierai la langue et ferai l'apprentissage du saint ministère.

Pour l'indisposition qui m'a quelque temps retenu à Tchong-Kin, rassurez-vous ; c'était la fièvre du pays simplement, le *han*, comme on l'appelle ici ; tous les nouveaux missionnaires lui paient leur tribut en arrivant et j'ai dû faire comme les autres, sous peine de passer pour récalcitrant. Mieux vaut d'ailleurs la subir tout de suite : après cela on est acclimaté définitivement. Pour moi, j'en ai été quitte à très bon marché : dès les premiers symptômes, mes aimables confrères se sont hâtés d'appeler un médecin chinois qui, après m'avoir tâté le pouls pendant près d'un quart d'heure, a commencé par m'interdire l'usage de la viande, de la graisse, des œufs, de tout ce qui en un mot touche de près ou de loin au *règne animal*. Me voilà donc condamné à vivre de riz, de piments et d'herbes cuites dans l'eau ; ce n'était pas très appétissant, mais enfin, à la guerre comme à la guerre. Ce qui était moins appétissant encore, c'étaient les remèdes qu'il me fallait prendre bon gré, mal gré : figurez-vous une sorte de brouet noirâtre, d'une odeur assez peu suave et d'un goût moins suave encore. Chaque jour, trois ou quatre bols de cette composition, c'était la moyenne ; il fallait cela, paraît-il, pour envoyer promener *Madame la fièvre*. Et

de fait, après cinq ou six jours de ce régime,
il n'en restait plus trace et je me retrouvais tout
à fait dispos et avec un appétit des mieux con-
ditionnés. Depuis lors, je me porte à merveille
et j'espère bien n'avoir pas besoin de recourir
de si tôt à la diète et au brouet chinois.

Vous voyez qu'au Su-Tchuen on se tire encore assez facilement d'affaire : les médecins,
sans avoir perdu leur temps à courir après les
diplômes, ont encore une somme de connaissances pratiques fort précieuses.

De ce que j'ai déjà fait connaissance avec la
fièvre, n'allez pas conclure que le climat du
Su-Tchuen soit un climat meurtrier. Sans doute
il y a bien quelques inconvénients : humidité,
brusques changements de température, chaleur
presque torride l'été. A tout cela on s'habitue.
Une fois les premiers mois passés, surtout si on
a eu la *chance* d'attraper une fièvre bien condi-
tionnée, on peut aller de l'avant, c'est presque
mon cas ; j'ai reçu le baptême du feu ou de
fièvre, si vous aimez mieux, et je pense bien
n'être pas *rebaptisé* de quelque temps.

Installé dans mon nouveau séjour, je m'em-
presserai de vous donner de mes nouvelles.
Écrivez-moi le plus souvent possible.

Adieu, mes bien aimés,

Je vous embrasse tous,

Votre missionnaire.

Tchong-Kin, le 14 mai 1891.

LETTRE IV

Ubi Crux, ibi Patria !

Les âmes ! le Ciel !

A. M. D. G.

A sa mère.

Sommaire

Instabilité de la vie du missionnaire. — Départ pour Tchong-Tsouy. — En chaise à porteurs. — Routes chinoises. — Escaliers et chevaux. — Funérailles chinoises. — Plantation du riz. — Riz et piments. — Un orage. — Arrivée. — Le P. Zeller.

Mère bien-aimée,

La vie du missionnaire, vous le comprenez sans aucune peine, n'a pas précisément la stabilité pour caractère essentiel ; c'est plutôt une vie mouvementée entre toutes, et faite en quelque sorte de changements presque continuels. Il faut se transporter du nord au midi, de l'est à l'ouest, aller partout où le bon Dieu le veut, partout où il y a du bien à faire aux âmes.

*
* *

A mon arrivée, vous le savez, j'ai d'abord pris le chemin du collège de Cha-Pin-Pa. Là, deux mois environ, mes journées se sont passées dans l'étude de la langue chinoise et dans des travaux d'imprimerie. Puis, mes supérieurs m'ont rappelé à Tchong-Kin, avec l'intention de m'envoyer immédiatement dans un district, continuer l'étude de la langue et faire mon apprentissage de la vie apostolique. Une petite fièvre, sans laquelle nous avions compté' les uns et les autres, est venue fort mal à propos retarder de quelques semaines la réalisation de ce projet. Une fois rétabli, plus fort que jamais et tout rempli de l'ardeur de réparer le temps perdu, j'ai fait à la hâte mes préparatifs et quitté Tchong-Kin, le 15 mai.

Cette fois, c'est du côté de l'Ouest que j'ai dirigé mes pas. Je prenais avec d'autant plus de bonheur cette direction que je me rapprochais ainsi de ma France bien-aimée ; mais hélas ! quelques lieues, qu'est-ce à côté de l'énorme distance qui nous sépare ! Enfin, bonne mère, et vous tous, parents chéris, si nous restons encore bien éloignés, du moins, n'est-ce pas, nous sommes toujours unis de cœur, nous sommes toujours les uns près des autres par la pensée, par le souvenir, par l'affection, par la prière.... Ce sont là des liens que rien ne saurait briser et qui, jusqu'au dernier soupir, feront notre bonheur et notre consolation.

Et pour vous permettre d'ajouter à cela quelque chose de plus, pour vous permettre de faire chaque jour le pèlerinage de Chine, comme je fais quotidiennement celui de France, je vais, fidèle à ma promesse, vous conduire à ma suite jusqu'au nouveau séjour qu'il a plu au bon Dieu de me donner.

Revenons de quelques pas en arrière ; c'est le 15 mai, je vous l'ai dit, que je quitte Tchong-Kin. La veille, mes petits bagages ont pris les devants ; une chaise à trois porteurs a été louée et doit venir me chercher au point du jour. Je suis debout dès quatre heures, afin de ne pas faire attendre mon monde. Mais j'ai compté sans la lenteur proverbiale des Chinois : ces braves gens ne sont pressés que quand vous ne l'êtes pas vous-même. C'est d'abord le cuisinier qui a oublié de s'arracher un peu plus tôt *des bras de Morphée*, pour me préparer quelque chose.

Lorsque j'ai déjeuné, les porteurs qui, la veille, me recommandaient d'être dilligent, me font attendre une heure et demie. Enfin, à six heures, je m'installe dans ma chaise et, en route.

Après un quart d'heure de marche, nous franchissons la porte sud-ouest de la ville. Ensuite, obliquant à gauche, nous nous engageons sur la route de Tchen-Tou.

Vous vous imaginez sans doute une de ces belles voies larges et bien entretenues qui aujourd'hui sillonnent la France dans tous les sens et rendent accessibles les hautes montagnes de l'Auvergne. Eh bien ! détrompez-vous. La route de Tchen-Tou, qui compte ici parmi les voies de grande communication, ne serait pas même classée, là-bas, parmi les chemins vicinaux. Large d'un mètre à peine et agrémentée de nombreuses marches taillées dans le roc ou formées de larges pavés, elle serpente le long des rizières, au penchant des collines, descend au fond des ravins, pour remonter ensuite avec d'interminables zigzags.

S'il en est ainsi, me direz-vous, ce ne doit pas être très facile de voyager. Assurément, il ne faut pas songer à aller en carosse à quatre chevaux ; ce genre de véhicule n'abonde pas en Chine et y serait d'ailleurs assez inutile. Mais on a toujours la ressource de ses deux jambes et, lorsque ces jambes sont solides et exercées comme les miennes, je vous assure qu'on se tire toujours avec honneur des routes chinoises. Si le trajet est un peu long, on se *paye le luxe* d'une chaise à porteurs, mode de locomotion commode et sûr, sinon des plus rapides. Enfin lorsque le temps presse, on monte à cheval et, en avant, marche ! au pas accéléré.

Comment ! à cheval ! au pas accéléré, le long de ces escaliers en pente raide ! ! Eh bien ! oui, chers parents, à cheval, au pas accéléré, le long des escaliers en pente, et je vous assure qu'on ne court pas beaucoup de dangers, à la condition toutefois d'être assez bon cavalier. C'est qu'ici les chevaux ont une sûreté de pied vraiment extraordinaire ; il faut les voir descendre et monter, de leurs pas habituel, les pentes les plus escarpées ; on dirait de véritables chèvres.

Je voyais naguère, dans je ne sais plus quelle feuille, cité comme une chose extraordinaire, le fait d'un officier de cavalerie qui, à Toulouse, si je ne me trompe, avait gravi à cheval un escalier de 196 marches. On ne di-

sait pas, par exemple qu'il l'eût redescendu.
Eh bien ! en Chine, la dernière des haridelles,
montée par le plus médiocre des cavaliers,
vous renouvellera ce tour tout le long du jour
et non seulement montera, mais encore descen-
dra des centaines de marches sans broncher
une seule fois. Et puis on dira que la Chine est
le dernier pays du monde!...

Laissons là les chevaux et les cavaliers et
continuons notre route. Au sortir de la ville,
se présente une série de monticules tout cou-
verts de tombeaux ; çà et là nous dépassons de
longs cortèges blancs qui conduisent des morts
à leur dernière demeure, avec grand accompa-
gnement de tambours, dé cymbales et autres
instruments moins harmonieux les uns que les
autres. Quelle différence avec les enterrements
chrétiens et les chants si pieux que la sainte
Eglise redit sur la tombe de ceux qui ont quitté
cette terre pour un monde meilleur...!

*
* *

Après une courte station à Fou-Tou-Kouan
où mes porteurs déjeunent, nous entrons en
pleine campagne. De tous côtés, à perte de
vue, ce ne sont que des rizières remplies d'eau
où de nombreux travailleurs font en ce moment la plantation du riz. Je dis la *plantation*, car ici on ne se contente pas de semer
le riz, comme en France on sème le blé ; on
commence d'abord par jeter le grain dans une
rizière spéciale et on le laisse pousser ses ti-
ges jusqu'à une hauteur de quinze ou vingt

centimètres ; après cela on les arrache pour les transplanter de distance en distance dans d'autres rizières.

Les rizières sont pour la plupart situées dans les bas-fonds, afin qu'on puisse facilement y amener l'eau ; aux endroits secs, sur le penchant des coteaux, on sème du blé, des pois, de la canne à sucre ; pas un pouce de terrain n'est perdu ; le Chinois, essentiellement pratique, ne laisse aucun endroit sans culture et là où il n'y a que le rocher nu, il apporte de la terre pour avoir un lopin de terre de plus.

Aux rizières et aux champs de blé succède bientôt une haute montagne. Pour permettre aux porteurs de la gravir plus facilement, je mets pied à terre, la chaise pèsera dès lors beaucoup moins sur leurs épaules. Ils accélèrent le pas et, à une heure et demie, nous arrivons au marché de Pee-Che-Y. Là, on fait halte. Nous entrons dans une vaste auberge chinoise. La grande salle étant encombrée de monde, on m'introduit dans une petite pièce réservée aux *hôtes de qualité*. Le menu d'une auberge chinoise n'est pas précisément des plus succulents, surtout un vendredi : du riz et des piments, des piments et du riz et puis . . . c'est tout. Avec un excellent appétit, on trouve tout délicieux, n'est-ce pas ?

En attendant, le ciel s'est couvert de nuages ; un orage se prépare. Les porteurs arrivent, nous partons au pas accéléré. Mais l'orage marche encore plus vite et bientôt un vrai déluge d'eau nous arrive. Fermé dans ma chaise, je m'en soucie médiocrement ; mais les porteurs que rien ne protège sont loin de trouver la chose amusante. Afin de ne pas gâter leurs habits, ils ont commencé par se mettre à la légère ; maintenant vêtus seulement d'un pantalon, un large chapeau en osier sur la tête, ils essayent tant bien que mal de continuer leur route. Leur pas ne tarde pas à se ralentir et je me vois bientôt dans la perspective de stationner au fond d'une petite vallée en attendant qu'on aille chercher d'autres hommes à Lay-Foug-Y encore éloigné de plusieurs kilomètres. Fort heureusement, au détour du chemin apparaissent tout à coup trois solides gaillards qui, moyennant sapèques, s'offrent à porter la chaise jusqu'au marché. On accepte avec plaisir et une heure après j'arrive à la pharmacie ouverte à Lay-Foug-Y pour fournir gratuitement des remèdes aux petits enfants payens et profiter de l'occasion pour les baptiser, lorsqu'ils sont en danger de mort. Une brave famille chrétienne qui habite là me reçoit à bras ouverts et m'accorde la plus généreuse hospitalité.

Le lendemain, vers cinq heures, je me remets en route ; au lieu de continuer à suivre la route du Tchen-Sou jusqu'à Pichan, nous tournons à droite et prenons un petit sentier qui doit nous conduire à Tchong-Tsouy, lieu où réside le missionnaire chez lequel je me rends. Nous allons un peu au hasard, interrogeant les passants, car les porteurs ne connaissent pas plus le chemin que moi. Enfin, au bout de trois heures de marche, nous apercevons, au milieu d'un petit bois de bambous, une modeste habitation surmontée d'une croix. Le P. Zeller, missionnaire du district depuis treize ans, m'attend avec impatience et me reçoit avec cette bonté et cette charité qui rendent si précieuse et si douce la société des vieux missionnaires.

Depuis un mois j'habite Tchong-Tsouy, j'étudie la langue avec ardeur et me prépare, au milieu d'une trentaine de petits garçons de notre école, au saint ministère.

Vous voyez, chère Mère, que je ne suis pas malheureux.

Adieu.

Votre missionnaire.

Tchong-Tsouy, le 14 juin 1891.

LETTRE V.

Ubi Crux, ibi Patria

Les âmes ! Le Ciel !

A. M. D. G.

A son bienfaiteur.

SOMMAIRE

*Pas de nouvelles. Pourquoi ? Jours inquiets. —
Premiers actes du ministère sacré. Train de
vie. — La persécution, douloureuse situation.
La voie de la France. — En Dieu !*

Cher et vénéré Père,

Les jours, bien qu'ils soient de vingt quatre
heures, en Chine, comme partout ailleurs, passent vite, au milieu des occupations de la vie
apostolique. Cependant, si grande qu'elle soit,
la rapidité avec laquelle ils s'écoulent ne peut
m'empêcher de remarquer que, depuis longtemps vous n'êtes pas venu me parler de la
France que j'aime toujours, d'une famille que
l'éloignement me rend deux fois plus chère, de
vous enfin, dont la pensée et le souvenir ne
sauraient être bannis de mon cœur.

A quelles causes attribuer un si long retard ?
Aux lenteurs, aux infidélités de la poste chinoise ? La supposition me paraît plausible, car
j'ai peine à croire que vous puissiez avoir laissé
passer de longs mois sans m'adresser un mot.

Malgré ma bonne volonté à me tenir dans la paix, une foule d'hypothèses peu rassurantes envahissent mon esprit et y jettent, par moments, beaucoup trop de trouble.

Enfin, j'espère que le bon Dieu ne laissera pas durer trop longtemps cette petite épreuve et me tirera bientôt d'une incertitude non moins pénible, je vous l'assure, que les plus tristes nouvelles.

*
* *

Vous connaissez déjà mon départ de Cha-Pin-Pa. Je me trouve à Tchong-Tsouy, au milieu d'un charmant petit district, jusqu'à ce jour relativement tranquille, malgré le voisinage de Tà-Tsiou (1). Lorsque je venais ici, il y a deux mois, je ne pensais guère qu'il me faudrait bientôt mettre en usage mes petites connaissances en fait de langue chinoise. C'est ce qui a eu lieu cependant. Quelques semaines après mon arrivée, j'ai dû, bon gré, mal gré, faire mes premières armes et entendre la confession de trois malades dont l'état alarmant ne permettait pas d'attendre le retour du Père Zeller occupé, à l'autre extrémité du district, à visiter les chrétiens. Le cœur me battait bien un peu fort, je vous l'assure, en commençant ainsi l'exercice des augustes fonctions du saint ministère. C'était pour la première fois que je me trouvais auprès de pauvres âmes sur le point de paraître devant leur Juge. Je comprenais qu'il fallait parler à ces âmes le langage

______

(1) District où sévissait, en ce moment, la persécution.

d'un amour embrasé, d'une confiance illimitée,
d'une espérance sans bornes ; et pour traduire les sentiments qui remplissaient mon cœur,
je ne trouvais, hélas ! que quelques expressions
bien imparfaites, à peine intelligibles. Heureusement les excellentes dispositions des malades
venaient à mon aide ; ce que je ne pouvais
leur dire à moitié, ils le devinaient, achevaient
ma pensée incomplète et me remplissaient
d'admiration par le spectacle d'une résignation
parfaite à la sainte volonté du bon Dieu. En
somme, grâce à l'assistance particulière de Jésus et de Marie, j'ai pu remplir assez bien,
beaucoup mieux même que je ne pensais, ces
premières fonctions de mon ministère. L'essentiel était de pouvoir entendre la confession
des malades et, sur ce point, grâce à la bonne
volonté qu'ils mettaient à se faire comprendre,
je n'ai pas eu trop de difficultés. Quant aux
exhortations, si elles n'ont pas été très longues,
Notre-Seigneur, qui ne demande pas l'impossible, s'est chargé de les compléter, en faisant
naître dans les âmes auxquelles je m'adressais
les sentiments qui sont si agréables à son divin Cœur. Des trois malades que j'ai adminis-
trés, le plus âgé, un bon vieillard de soixante-
quinze ans, autrefois catéchiste, a rendu le
dernier soupir quelques jours après et, à cette
heure, j'en ai la douce confiance, il est au ciel
où il prie le bon Dieu pour moi et lui demande
de faire participer au don des langues le jeune
missionnaire dont le premier désir est de pouvoir faire au plus tôt quelque bien aux pau-

vres âmes pour lesquelles il a quitté tout ce qu'il avait plus de cher ici-bas.

Vous comprenez facilement que ce premier essai d'apostolat n'a fait qu'accroître mon ardeur de me perfectionner dans la langue chinoise. A Tchong-Tsouy je suis pour cela servi à souhait. Les enfants de l'école, au nombre d'une trentaine, se font volontiers mes petits professeurs aux moments de récréation ; puis, après les quatre heures d'étude que je fais chaque jour en compagnie de mon latiniste, je prends le chemin d'une maison chrétienne, située à deux kilomètres à peine. Là je me trouve comme en famille. Petits et grands m'entourent, me pressent de questions, me parlent de la France où tout, à leur avis, doit être merveilleux, m'interrogent sur chacun de ceux que j'ai laissé là-bas, etc., etc. Notre causerie se prolonge de la sorte une, deux, trois heures. C'est pour moi la plus agréable des récréations et, ce qui vaut mieux, la meilleure des leçons. Je reviens toujours de chez mes bons chrétiens avec quelques mots nouveaux ajoutés à mon vocabulaire et avec une plus grande facilité à prononcer ceux que je savais déjà.

*
* *

Mes dernières lettres vous ont donné un aperçu sur les troubles de Ta-Tsiou.

Depuis lors, les affaires n'ont guère changé de face. Les pauvres chrétiens se voient toujours dans l'impossibilité de rentrer chez eux. A Pékin cependant la légation française a pris

leur cause en mains et il faut espérer que les
choses auront bientôt un dénouement favorable.

Après cela, la paix et la tranquillité règne-
ront-elles enfin dans notre pauvre mission de
tout temps très agitée ? Nous aimerions à le
croire ; mais hélas ! les événements actuels qui
se déroulent dans la Chine entière sont loin de
promettre un calme de longue durée. Ce n'est
pas seulement le Su-Tchuen oriental, en effet,
qui souffre de la persécution ; de tous les côtés l'horizon s'assombrit. Au Kiâng'nàn, presque sous les yeux des Français et des Anglais,
les établissements fondés par les Pères Jésuites à Oû-foù ont été furieusement attaqués
par la populace : église, orphelinats, tout est
devenu la proie des flammes. Le consul anglais lui-même a été blessé. Des troubles se
sont également produits sur divers autres
points de la province. Le Kiang-Sy (1), autrefois si tranquille, commence aussi à devenir
agité ; dans un grand marché, sur les bords
du Fleuve Bleu, la mission protestante a été
brûlée et un ministre tué ainsi qu'un douanier ;
tous·deux sont Anglais. D'après certains bruits,
mais ceux-là moins fondés, une station du
Hou-pee (2) aurait encore été détruite et plus
de cent personnes massacrées.

Vous le voyez, cher et vénéré Père, l'avenir
du christianisme en Chine ne s'annonce pas

____

(1) Cette province avait, dès ce moment, pour vicaire apostolique, Mgr Bray, du diocèse de Saint-Flour.

(2) C'est dans le Hou-peme que fut artyrisé, en 1840, le
Bienheureux Gabriel Perboyre.

précisément sous des couleurs riantes. La haine du nom chrétien et du nom français, invétérée dans le cœur des Chinois, semble s'accentuer encore davantage chaque jour.

Les païens, assurés de la connivence et de la protection de leur gouvernement et de leurs mandarins, se persuadant que la France n'interviendra pas, donnent un libre cours à leur animosité contre les chrétiens. Disciples d'un Maître qui a été patient jusqu'à la mort, nous répondrons à leurs violences par la douceur et la résignation.

Et cependant, il faut l'avouer, à la vue des excès qui se commettent et de l'injustice criante avec laquelle on nous traite, nous sentons parfois le sang bouillonner dans nos veines. Nouveaux fils de Zébédée, nous serions presque tentés d'appeler le feu du ciel ou tout au moins celui de la terre sur nos persécuteurs. L'Eglise de Chine traverse, en ce moment, une crise pénible qui, au point de vue humain, semble devoir se prolonger jusqu'au jour où la France se décidera à faire parler le canon dont la voix seule a encore quelque éloquence pour les habitants du Céleste Empire. (1).

En attendant, veuillez continuer à prier pour

Votre missionnaire.

Tchong-Tsouy, le 19 juillet 1891.

---

(1) Tout ceci s'est vérifié; les événements de 1900 l'ont prouvé.

LETTRE VI

Ubi Crux, ibi Patria

Les âmes ! Le Ciel !

A. M. D. G.

A sa mère.

SOMMAIRE

*Pourquoi des inquiétudes ? Dieu ! Les âmes ! —
La vie matérielle. Riz ; vieux vin ! Le climat.
Tranquillité, malgré la persécution voisine. —
Le langage de la Patrie ! — Le 15 août ;
première prédication ; parler d'une mère ! —
Toujours Dieu, les âmes !*

Mère bien-aimée,

Votre cœur, je le sais, comme celui de toutes
les mères, est doué d'une clairvoyance spéciale,
mais aussi très porté à s'alarmer pour la moindre des causes.

Un souffle, une ombre, un rien, tout lui donne
la fièvre, tout la jette dans des transes continuelles, dans des appréhensions aussi pénibles
que la plus douloureuse des certitudes. Ainsi,
parce que mes lettres ne vous apportent maintenant que des *nouvelles, vieilles* au moins de
deux mois, vous ne pouvez vous défendre des
plus noirs pressentiments : tout vous semble
menaçant, terrible même dans ce lointain qu'on

appelle la Chine, dans cet inconnu que vous
craignez d'entrevoir sous son vrai jour et dont
vos yeux pourtant ne peuvent se détacher. A
ce qu'il paraît, vous me voyez triste, ennuyé,
découragé, dévoré par la nostalgie, mourant de
faim....; et pour compléter cette vision peu ras-
surante, dans le lointain, s'élève la fumée des
incendies allumés par les persécuteurs ; les cris
de leurs victimes arrivent jusqu'à moi ; épuisé,
exténué, je n'ai plus même la force de fuir le
danger ; encore un peu et j'aurai le sort réservé
aux pauvres chrétiens et je serai compris avec
eux dans un massacre sans pitié....

Voilà certes, bonne mère, un tableau parfait
comme tragique et auquel il ne manque rien, si
ce n'est un peu de réalité. Si vous pouviez percer de votre regard, ne serait-ce qu'un instant,
les espaces qui nous séparent et me suivre à
travers les détails de ma vie quotidienne, je
vous assure que les imaginations terrifiantes de
votre cœur alarmé se changeraient promptement en visions douces, agréables et consolantes. Vous verriez que si mon existence n'est pas
précisément une série de loisirs non interrompus, de distractions continuelles, elle n'a pas du
moins toutes les tribulations dont vous voulez
bien l'agrémenter. Debout, chaque matin, dès
cinq heures, je commence ma journée, ainsi que
doit le faire tout bon prêtre, par l'oraison et l'obla-
tion du saint sacrifice de la messe auquel mes bien-
aimés ont toujours une plus grande part ; puis
le déjeuner et une récréation de quelques instants me réunissent au bon Père Zeller, le dé-

voué et si sympathique confrère auprès duquel
j'ai été placé pour faire mon apprentissage de
la vie apostolique ; ensemble, nous parlons, naturellement, de ce qui nous intéresse le plus l'un
et l'autre, des chrétiens du Su-Tchuen, de ceux
de Py-Chan, en particulier, du Séminaire des
Missions Etrangères dont nous conservons reli-
gieusement tous les deux et le souvenir et l'a-
mour, de la France, des parents et des amis que
nous avons encore le bonheur de posséder ici-
bas. Sur ces sujets toujours agréables et chers,
notre conversation ne tarirait pas, mais l'horloge, placée là tout près pour nous rappeler à
l'ordre, nous avertit bientôt que nous devons
revenir, lui à ses occupations ordinaires, moi à
l'étude de la langue chinoise. On se sépare en
se disant au revoir à la récréation de midi et
surtout à celle du soir, la plus longue et la plus
agréable de toutes. Ma leçon de chinois dure
trois heures après lesquelles je fais une lecture
de l'Ecriture Sainte et de quelque livre de piété.
A midi le *pang pang* du cuisinier nous appelle
au dîner suivi de la récréation. Puis encore une
heure de chinois et je prend ensuite la *clé des
champs* pour aller ordinairement dans la famille
chrétienne dont je vous ai déjà parlé, recommencer les causeries de la veille qui, elles aussi,
menaçaient souvent de se prolonger outre-me-
sure, si la récitation du bréviaire et mes autres
exercices de piété ne m'obligeaient à rentrer à
Tchong-Tsoùy. Enfin ma journée se termine en
l'aimable compagnie du cher Père Zeller avec
lequel je suis toujours heureux de me retrouver

et qui lui aussi, après treize ans passés à Py-Chan, sans autre société habituelle que celle de son troupeau, se plaît à posséder un frère qui chaque jour lui parle la langue du pays natal, cette langue dont le son entre tous est harmonieux à l'oreille et doux au cœur.

Est-il besoin de vous dire, maintenant, mère bien-aimée, que la nostalgie n'est pas encore venue frapper à ma porte ? Sans doute, je reste toujours profondément attaché de cœur au beau pays de France, aux montagnes de l'Auvergne, au clocher de mon village, au toit qui a abrité mon enfance ; par dessus tout, j'aime et j'aimerai sans cesse d'un amour impérissable les êtres dévoués qui là-bas, chaque jour, à chaque instant, pensent à l'absent et prient pour lui ; les revoir encore une fois, m'agenouiller sur la tombe de ceux qui ne sont plus, serait pour moi une joie douce et trop légitime pour que j'essaye de la dissimuler. Mais quant à désirer un retour qui serait contre les desseins de la divine Providence, oh ! non, mille fois non ! J'ai dit adieu à mon pays, je vous ai dit adieu à tous, le cœur brisé, cela est vrai, mais sans arrière-pensée et avec la ferme volonté de *vivre* et de *mourir* au Su-Tchuen Oriental. Cette volonté, loin de s'être affaiblie depuis lors, ne fait que se fortifier à mesure que je puis voir plus clairement l'étendue de la moisson et le petit nombre des ouvriers, dans le champ immense où il a plu au bon Dieu de m'appeler à travailler, malgré mon indignité profonde. Missionnaire du Su-Tchuen oriental à *la vie* et

à la mort, voilà mon unique ambition contre
laquelle les tentations de nostalgie seront toujours impuissantes. Si elle ne me suffisait pas
pour les repousser, j'aurais aussi la pensée du
Ciel où après quelques instants de séparation,
je serai à jamais réuni à ceux que j'ai aimés sur
la terre.

Mais, me direz-vous, sans doute, si ton cœur,
soutenu par l'amour des âmes, la pensée du
Ciel et la grâce du bon Dieu demeure ferme, il
ne doit pas en être de même de ton corps qui
lui assurément souffre beaucoup d'un climat
peu salubre, d'un régime probablement peu
fortifiant, en tout cas absolument nouveau. —
Encore un point, bonne mère, sur lequel votre
imagination toujours prompte à s'alarmer, vous
a fourni des données inexactes. Les enfants de
l'Auvergne, vous devriez le savoir, sont par nature un peu cosmopolites et très à même de se
faire sans trop de peine à toutes sortes de cli-
mats et de régimes ; ils ont connu dans leurs
montagnes et les fortes chaleurs de l'été et les
journées glaciales de l'hiver et les pluies torren-
tielles, et les brouillards humides qui vous
pénètrent jusqu'aux os ; parmi eux, il en est peu
qui dès leurs jeunes ans n'aient été habitués à
se contenter de la soupe au pain noir et de la
galette en sarrazin à laquelle on ajoute, les
jours ordinaires, un peu de *coumpanadji* et de
la viande les dimanches et jours de fête seulement. Bien que sur ce point, j'aie toujours été un
peu gâté, j'aie néanmoins assez connu la vie fru-
gale de nos montagnes pour n'être effrayé par

aucune sorte de régime. Celui des chinois d'ailleurs n'est pas aussi défectueux que vous pourriez le croire et en tout cas, il est facile de l'améliorer. D'abord, le riz est excellent, je vous l'assure, et remplace avantageusement le pain, surtout pendant l'été. De pain même on n'est pas obligé de se passer complètement ; le froment abonde au Su-Tchuen et bien que d'une qualité inférieure à celui d'Europe, il rend à peu près les mêmes services ; le difficile, il est vrai, c'est de former quelqu'un qui puisse utiliser habilement la farine ; mais sur ce point encore, comme le Chinois est par nature passablement imitateur, pourvu qu'on ait soi-même quelques notions de la chose, on peut arriver à un résultat passable. Du riz et du pain, voilà donc la base de la nourriture ; ce n'est pas déjà si mal, n'est-ce pas ? Voyons maintenant les accessoires. Ah ! pour ceux-là, je l'avoue, ils ne sont pas précisément des plus variés : en fait de viande, il n'y a que les *habillés de soie* qui soient mis à contribution ; les bœufs, moutons, chèvres n'abondent pas précisément dans nos parages ; par contre les buffles y sont très nombreux et à l'état domestique, mais une loi défend de les tuer parce que, d'après ces bons Chinois, c'est dans leurs corps qu'habitent les âmes des ancêtres. A cela d'ailleurs, il n'y a pas grand mal, car la viande de buffle n'est pas précisément des plus délicates. En temps ordinaire on se contente donc de la viande de porc et dans les grandes circonstances, si l'on a quelques sapèques de reste, il est facile de se pro-

curer à bon marché un poulet ou un canard.
Et puis pour faire un peu de variété on ajoute
à ces plats substantiels quelques légumes, *chinois* bien entendu, pour la plupart du temps,
car les légumes européens n'abondent guère, à
moins qu'on ne les cultive soi-même, et réussis-
sent même assez difficilement en beaucoup
d'endroits. Avec cela on a des piments à satiété
pour ouvrir l'appétit, et même comme dessert
une sorte de fromage, d'odeur et d'aspect assez
peu appétissants, il est vrai ; les chinois l'appellent le *téou foù joù* et emploient à le confectionner une sorte de grosse fève farineuse
qu'ils brisent et laissent fermenter en y mêlant
des piments. C'est pour eux un mets des plus
délicats, au début peu appétissant pour un
Européen, mais auquel on ne tarde pas à s'habituer et qu'on est ensuite très heureux de
trouver sur la table des chrétiens pendant la
visite: J'oubliais les fruits, abricots, pêches,
cerises, prunes, pommes, poires, jujubes, oran-
ges qui se succèdent presque sans interrup-
tion pendant toute l'année ; de tous ces fruits,
il est vrai, fort peu ont le goût et la finesse de
ceux d'Europe, mais il ne faut pas être trop
exigeant en Chine où les fleurs ont la réputa-
tion *d'être sans odeur et les fruits sans saveur.*
Vous voyez, bonne mère, qu'on ne risque pas de
mourir de faim au Su-Tchuen oriental et qu'aux
aliments substantiels, il est même possible d'ajouter quelques douceurs. Si vous me demandez
maintenant ce que nous buvons, je vous répon-
drai que nous n'avons pas toujours à satiété

une eau pure et limpide ; c'est ce qui manque
le plus en Chine ; en revanche, le thé abonde
et est excellent, même sans sucre ; puis, avec
quelques sapèques, bien entendu, car voyez-
vous la sapèque, ici plus que partout ailleurs,
est un *serviteur incomparable*, il nous est facile
de nous procurer, comme boisson de table, du
vin vieux qui n'a pas son pareil. Du *vin vieux !*
Ces seuls mots amènent sur vos lèvres un sou-
rire d'incrédulité, et malgré toute la confiance
que vous avez en mes paroles, vous doutez
fort, je crois, que des missionnaires apostoliques avec leurs *appointements* puissent, du
premier janvier à la Saint Sylvestre, se payer
un *nectar si précieux*. Les mots que j'ai employés sont vrais pourtant, puisque je n'ai fait
que traduire l'expression par laquelle nos bons
amis les Chinois désignent la boisson en question : *lao tsieoù*, c'est ainsi qu'ils l'appellent
et comme *lao* signifie *vieux* et *tsieoù*, *vin*, bon
gré, mal gré, il vous faudra bien convenir
avec moi que nous buvons en réalité du
vin vieux ou du *vieux vin*, ce qui revient au
même. Mais je dois vous avouer que notre vin
vieux n'est ni du Bordeaux, ni du Bourgogne,
pas même du petit Limagne ; bien plus, il n'entre pas une seule grappe de raisin dans sa
composition ; c'est tout simplement une espèce
de liqueur fermentée, de couleur jaunâtre, fa-
briquée avec du sorgho ; son titre de *vieux* lui
vient de ce qu'on la laisse au moins une année
dans de grandes jarres en terre avant de la
livrer au commerce.

Les chinois sont très fiers de cette boisson qui d'ailleurs n'est pas à la portée de tout le monde ; les gens de condition seuls peuvent en user à cause de son prix relativement élevé ; quant au commun des mortels, il se contente d'autres liqueurs plus ou moins détestables, toutes décorées du nom pompeux de vin, avec une épithète des plus sonores. Pour en revenir au *lao tsieoù* ou vin vieux, malgré toute l'estime que les Chinois ont pour lui, je dois vous dire que la première fois que j'en ai bu, je l'ai trouvé passablement détestable ; depuis lors, par suite de la nécessité et de l'habitude, mon opinion s'est un peu modifiée, mais je ne suis pas encore arrivé à pouvoir user de cette boisson pure ; il faut que j'y mêle au moins une bonne moitié d'eau. Enfin si notre vin vieux n'est pas précisément des plus agréables au goût, du moins il est sain et soutient assez bien les forces : c'est l'essentiel.

Tel est à peu près dans son ensemble le régime chinois ; bien qu'il diffère passablement de celui de France, surtout dans la manière de préparer les aliments, il est facile de s'y habituer et au bout de quelques mois, pourvu que l'on ait un estomac solide et que l'on ne soit pas trop délicat, on mange de tout, absolument comme si l'on avait vu le jour dans le Céleste Empire.

J'arrive maintenant au climat contre lequel, mère bien-aimée, vous semblez aussi nourrir quelques préventions. Les productions du pays que je vous ai déjà indiquées vous ont laissé

entrevoir que nous avons ici un ciel des plus
cléments. De fait, en plein hiver, le thermomètre ne descend guère au dessous de zéro, ce
qui n'empêche pas le froid d'être parfois assez
sensible à cause de l'humidité dont l'air est
imprégnée. Mais pour le moment, la chose
n'est guère à craindre, puisque nous sommes
en plein mois d'août, c'est-à-dire au moment
des fortes chaleurs. En somme le climat du
Su-Tchuen ressemble assez à celui du midi de
la France, sauf que les variations de température y sont plus brusques. C'est là à peu près
le seul désagrément, et avec ces passages subits
d'une chaleur extrême à un frais sensible, il
n'est pas rare qu'on attrape un *brin de fièvre* ;
mais cela ne dure pas et avec une bonne dose
de quinine ou quelques médecines chinoises,
on est remis sur pied en un clin d'œil, du
moins jusqu'à nouvel ordre... Pour moi, je
vous l'ai déjà dit, j'en ai été quitte à très bon
compte : à peine deux petits accès de fièvre de
quelques jours chacun, juste ce qu'il faut afin
d'être un homme acclimaté. Et maintenant, solide comme le Plomb du Cantal, je laisse le
temps passer du chaud au froid sans en res-
sentir la moindre incommodité.

*
* *

Je pense que vous voilà à présent complètement rassurée, bonne mère. Ah ! mais non !
Il y a encore la grosse question du jour, les
terribles persécuteurs qui, dans votre pensée,
sont déjà venus m'expédier

> … Pour la rive inconnue
> D'où ne revient jamais le passager.

Eh ! bien, là-dessus soyez sans inquiétudes : l'année dernière, il est vrai, le district de Tà-tsioù a été bien éprouvé et à cette heure encore, les pauvres chrétiens ne savent trop à quel moment ils pourront aller relever leurs demeures détruites et incendiées. Mais jusqu'ici, il n'y a pas eu le moindre trouble dans le district de Py-chân où chrétiens et païens vivent dans une harmonie parfaite ; rien de fàcheux n'est à craindre pour le moment. Bannissez donc de votre cœur toutes ces vaines appréhensions ; ensemble jetons-nous entre les bras de la divine Providence ; à elle de disposer de l'avenir ; à nous d'attendre cet avenir avec une entière sécurité, car ne l'oublions pas, tous les évènements quels qu'ils soient concourront à la gloire du bon Dieu et à notre plus grand bien.

Après trois mois passés à Tchòng Tsoùy, je viens enfin d'essayer mes forces et de faire vraiment connaissance avec les deux principales fonctions du ministère apostolique, l'audition des confessions et la prédication de la parole divine. Déjà, je l'ai dit, j'avais été appelé, en l'absence du Père Zeller, au chevet de trois personnages dangereusement malades ; mais ce n'étaient là que des essais partiels et sans grande importance. Le véritable *premier pas*, je l'ai fait la semaine dernière à l'occasion de la fête de l'Assomption. Dès la veille, les chrétiens arrivaient en foule de tous les côtés du district. Le Père Zeller m'avait averti à l'avance : « Vous savez, m'avait-il dit, il y a assez longtemps que je travaille ; cette fois, je veux me reposer un peu ; j'espère donc que vous entendrez au moins la moitié des confessions. » Et comme je lui objectais mon peu d'habitude de la langue chinoise : « Ne craignez rien, m'avait-il répondu, je suis certain que vous savez assez de Chinois pour confesser mes ouailles ; d'ailleurs, si vous êtes embarrassé, vous me les enverrez ».

Devant ce raisonnement, il n'y avait plus qu'à s'incliner ; je me rendis donc au confessionnal et, la grâce du bon Dieu aidant, non seulement je pus comprendre d'une manière suffisante, mais encore faire les interrogations nécessaires et adresser à chacun quelques mots sur la fête du lendemain. Entré au confessionnal vers deux heures, je n'en sortais guère qu'à dix heures du soir ; j'avais entendu près de cent confessions, et le bonheur de savoir que désormais je pourrais enfin commencer à me rendre utile me faisait bien oublier le peu de fatigue que je ressentais.

Le lendemain, le Père Zeller célébra la première messe ; grand fut l'étonnement de tout le monde, lorsqu'on le vit, la messe finie, quitter l'autel sans adresser un seul mot à l'assistance ; mais cet étonnement se trouva porté à son comble lorsqu'à l'Evangile de ma messe, une voix dans la foule entonna le *Foù kièòu chén chên*, *Venez Saint-Esprit*, et que, cette prière récitée, je me retournai vers l'auditoire pour prendre la

parole. Mon latiniste qui n'était averti de rien,
car j'avais préparé mon sermon avec l'aide du
Père Zeller, quitta rapidement le côté de l'autel
où il se tenait, pour aller se cacher dans les
derniers rangs de la foule. En partant, il me jeta
un regard qui semblait dire : « Quelle impru-
dence, quelle folie ! Après trois ou quatre mois
de chinois, s'aviser de parler en public ! Mais
vous allez faire un *fiasco* complet ! » Ma foi,
j'avoue que pour ma part j'étais bien un peu de
son avis ; mais le P. Zeller avait exigé que je
me *lance*. Lançons-nous donc et vogue la galère,
advienne que pourra ! Je me retourne vers l'auditoire : il y a là quatre à cinq cents personnes
dont les regards sont fixés sur moi ; dans ces
regards je lis un peu de surprise, mais surtout
beaucoup de sympathie ; ils semblent me dire,
ces bons chrétiens : « Parlez, Père, parlez sans
crainte ; vous êtes ici en famille ; vos enfants
sauront comprendre à demi-mot. » Tant de sympathie m'encourage et fait disparaître l'appré-
hension bien naturelle d'ailleurs qu'on éprouve
toujours à paraître pour la première fois devant
un auditoire nombreux et à lui parler une langue qu'on ne connaît qu'imparfaitement. Je
commence mon sujet et parle de la sainte mort
de Marie, de sa sépulture, de son entrée au Ciel,
de la gloire dont elle y jouit, des vertus de charité, de pureté, de détachement qu'elle nous
propose à imiter. Mon sermon dure une vingtaine de minutes qui passent comme un instant
car, voyez-vous, lorsqu'on parle d'une mère,
même en chinois, on trouve toujours le temps

court. Les chrétiens qui m'ont suivi très attentivement viennent, aussitôt après la messe, pour m'adresser leurs félicitations et leurs remerciements ; ils m'affirment que j'ai bien prêché et qu'ils ont tout compris. Malgré l'accent de vérité qui anime leurs paroles, je garde encore un petit doute dans mon esprit ; mais le P. Zeller vient à son tour m'assurer qu'il n'a pas perdu un seul mot de mon sermon et que sauf quelques légères fautes d'inflexion, ma prédication ne ressemble nullement à celle d'un nouveau missionnaire. Tant mieux, car je pourrai ainsi plus tôt travailler au bien des âmes. Gloire et remerciements au bon Dieu et à la bonne Mère qui ont bien voulu bénir ainsi mes premiers débuts. Ne croyez pas pour cela que je suis un sinologue parfait ; en somme, je sais peu de chose encore, mais les mots que je connais, je les dis assez bien ; le bon Dieu m'a accordé une certaine facilité pour la prononciation et les tons ; c'est l'essentiel dans la langue chinoise, et une fois la base posée on va relativement vite.

J'ai été bien peiné de l'épreuve envoyée par le bon Dieu à M. le curé et il me tarde beaucoup de recevoir des nouvelles à ce sujet. Le temps me manque pour écrire à mon cher et vénéré bienfaiteur et Père ; je le prie donc de m'excuser ; dans peu de temps je lui enverrai une lettre.

Adieu, je vous embrasse tous.

Votre missionnaire.

Tchong Tsoùy le 20 août 1891.

✠✠ ✠✠ ✠✠ ✠✠ ✠✠ ✠✠ ✠✠ ✠✠

LETTRE VII

Ubi Crux, ibi Patria !

Les ames ! Le Ciel !

A. M. D. G.

A son bienfaiteur.

Sommaire

Filiales condoléances. — Mgr Baduel, évêque de Saint-Flour. — Encore la persécution. — Vive Dieu ! et confiance. — Tranquillité relative. — Histoire de voleur. — Justice chinoise. — Dans le Cœur de Jésus.

Cher et vénéré Père.

Je ne sais si je dois vous retrouver au pied de la croix, mêler mes larmes, mes regrets à vos regrets, (1) ou m'associer à vous, pour dire à la Mère du Ciel, à la Consolatrice des affligés un cantique d'amour et de reconnaissance.

Je ne laisse toujours pas de prier à l'intention que vous avez tant à cœur ; dès le moment que j'ai connu votre deuil, j'ai demandé à Celle dont je me fais gloire d'être l'humble esclave, de prendre sur mes œuvres quotidiennes, sur mes pauvres prières, sur le sacrifice de la messe, tout ce que bon lui semblerait pour l'appliquer aux besoins de la chère âme envolée vers l'éter-

____

(1) Un deuil cruel venait de frapper le vénéré correspondant du cher missionnaire.

nité. Cette offrande, je l'ai renouvelée spécialement aujourd'hui, fête du saint Nom de Marie
et je continuerai ainsi à unir mes prières aux
vôtres, trop heureux de vous témoigner par là
une faible partie de la reconnaissance si grande
que je vous dois.

Si je prends une grande part, cher et vénéré
Père, à vos peines intimes, celles qui frappent
le diocèse de Saint-Flour tout entier sont loin
de me trouver insensible. La mort si inopinée
du vénéré Monseigneur Baduel (1) m'a vivement affecté et je m'imagine sans peine les regrets universels qu'a dû causer un coup si inattendu. C'est une bien cruelle épreuve pour notre
diocèse : il perd un saint évêque, un évêque
animé entre tous de l'esprit surnaturel et il le
perd dans un temps où, hélas ! la mort d'un pasteur tout entier à ses brebis est doublement
affligeante.

Puisse le bon Dieu aplanir les mille difficultés qui, sans doute, ne manqueront pas de surgir et donner sans retard un digne et vaillant
successeur à celui que vous regrettez ! Cette
prière que je lui adresse de tout mon cœur, je
la fais aussi pour mon bien-aimé Su-Tchuen
Oriental qui, lui, depuis une vingtaine de mois
déjà, soupire après la nomination de son nouveau vicaire apostolique. Il est vrai que la sage
et paternelle administration du bon et saint

---

(1) Mgr Baduel, évêque de Saint-Flour pendant 14 ans, était
mort au mois de mai de cette année, au cours de sa dernière
visite pastorale. Il a été écrit sur sa vie et son épiscopat une
Notice qui a eu plusieurs éditions.

Père Blettary rend cette longue attente moins pénible ; mais notre vénéré supérieur n'est plus dans la force de l'âge. Voilà déjà trente et quelques années qu'il travaille au Su-Tchuen et, en Mission, vous le savez, une année compte pour deux ; il pourrait nous manquer d'un jour à l'autre et assurément sa perte ne serait pas moins sensible que celle de Mgr Coupat. Demandez au bon Dieu, s'il vous plaît, de nous conserver encore longtemps ce digne missionnaire et de nous donner un saint évêque qui puisse continuer son œuvre et faire face aux difficultés toujours grandes au milieu desquelles nous nous trouvons.

*
* *

Ces difficultés, je n'ai pas besoin de vous le dire, sont celles que le démon ne manque jamais de susciter partout où les missionnaires du bon Dieu cherchent à restreindre les limites de son vaste empire. N'ayant pu étendre à tout le Su-Tchuen la persécution de Tà-Tsioù, l'esprit du mal se venge en faisant différer aux missionnaires et aux chrétiens la justice qu'on leur devrait d'après les traités et le plus élémentaire droit des gens. Naturellement il a la partie belle et facile : mandarins petits et grands dont il est le conseiller toujours écouté, pour ne pas dire le souverain maître, se font volontiers les agents de ses perfides machinations. Je vous ai déjà donné un aperçu de leurs faits et gestes antérieurs ; depuis lors, leur politique n'a guère varié ; c'est toujours le même fond d'as-

tuce et de fourberie, caché sous les promesses
les plus brillantes. Mais ils ont beau faire, leurs
roucries diaboliques ne trompent pas de vieux
missionnaires habitués depuis de longues années à ce jeu et instruits par l'expérience du
passé. A toutes leurs avances, — car poussés
par la légation française ils se montrent maintenant les plus pressés d'en finir —, à toutes
leurs avances, dis-je, on ne répond que par ces
deux conditions : « punissez comme ils le méri-
tent les assassins de nos chrétiens et rendez
possible aux persécutés le retour dans leurs
foyers ; en dehors de là pas d'arrangement possible et tous les missionnaires du Su-Tchuen
sont prêts à donner leur tête plutôt que d'accepter une solution qui paralyserait leur apostolat
et serait le prélude certain de nouveaux
malheurs. » Assurément, dans ces conditions,
il n'y a rien qui sorte de l'équité la plus naturelle ; mais les mandarins et leur digne maître
l'empereur de Chine, outre qu'ils se soucient
fort peu de l'équité, veulent à tout prix écraser
« *l'engeance Européenne* », comme ils nous
appellent aimablement, et avec elle les chrétiens qu'ils considèrent comme des traîtres ven-
dus à l'étranger. Ils n'ont garde, par consé-
quent, de nous accorder une réparation qui
ressemblerait pour nous à un triomphe et s'ils
le font, ce ne sera certainement qu'à leur corps
défendant et après avoir épuisé toutes les ressources d'une politique infernale.

Voilà notre situation ; elle n'est pas encore
des plus brillantes ; l'avenir ne laisse pas que d'ê-

tre sombre et ce qu'il y a de plus triste, c'est que les épines ne naissent pas seulement au Su-Tchuen Oriental ; les autres missions ont aussi leur part de tristesses et de tribulations. Je vous ai parlé dans ma dernière lettre des troubles survenus dans le Kiang-Nan et le Kiang-Sy. L'orage n'a pas seulement frappé ces deux provinces ; il est monté, suivant les bords du fleuve Bleu, et est venu s'abattre sur Ytchang, la dernière station que nous avions faite avant de pénétrer dans le Su-Tchuen Oriental. La résidence épiscopale, l'orphelinat tenu par les sœurs françaises qui, une dernière fois, nous avaient fait éprouver la douce illusion de la patrie, tout a été détruit ; les missions protestantes ont subi le même sort et il n'y a eu que le consulat et la douane d'épargnés. Nous attendons encore des détails plus complets sur cette catastrophe dont la nouvelle était arrivée par dépêche télégraphique à Tchong-Kin. Selon toutes probabilités, les missionnaires et les sœurs ont pu échapper à temps et se réfugier sur les bateaux à vapeur qui stationnent dans le port. Le malheur se réduit ainsi à des pertes matérielles, mais n'importe, c'est un bien rude coup pour la mission des Pères Franciscains ; et puis, qui sait si l'orage s'arrêtera là.

Enfin que la volonté du bon Dieu soit faite ; il permet pour nous et pour nos frères dans l'apostolat des épreuves bien sensibles ; mais çes épreuves ne doivent point nous étonner, encore moins nous décourager. Elles sont l'apanage glorieux de ceux que le bon Maître s'est choisis pour continuer sa grande œuvre. En nous envoyant, il nous a dit comme aux premiers apôtres : « S'ils m'ont persécuté, ils vous persécuteront... Ayez donc confiance ; j'ai vaincu le monde. »

Oui, nous gardons une confiance inébranlable. Vive Dieu ! Le démon, un jour ou l'autre, rendra les armes à Celui qui a promis qu'il y aurait enfin « un seul troupeau et un seul pasteur ! »

*
* *

A Tchong-Tsouy pourtant, les persécutions nous laissent encore en paix. En revanche, voici que les voleurs se mêlent de nous honorer de leurs visites plus ou moins agréables.

Il y a trois semaines, le P. Zeller était descendu à Tchong-Kin pour affaires et m'avait laissé la garde de son district. Dans la nuit du 27 au 28 août, pendant que nous dormions tous du sommeil des bienheureux, un individu s'introduisit dans la maison. Comment cela ? me demanderez-vous. Oh ! c'est bien simple. D'abord je dois vous dire qu'en Chine les fenêtres — lorsqu'il y en a — ne sont pas protégées par des grilles de fer ni des contrevents ; les portes ne sont guère plus sûres ; un simple loquet en bois et un petit crochet en fer les maintiennent à l'intérieur. Mais ce n'est pas là le chemin que prit notre voleur. Comme les murailles de la maison sont en simple terre durcie, il eut bientôt fait de pratiquer dans la partie la plus

reculée, tout près de ma chambre, une ouverture suffisante pour laisser passer le corps d'un
homme. Il pénétra ainsi dans la petite cour intérieure au fond de laquelle nous prenons les
repas, sous une sorte de véranda. La porte de
ma chambre était à deux pas : en homme avi-
sé, le voleur commença par la fermer à l'intérieur, afin que je ne vinsse pas le déranger
dans sa besogne ; puis il se mit à faire l'inspec-
tion des lieux. Mes bâtonnets chinois étaient
dans le tiroir d'une petite table ; il se les ap-
propria ainsi qu'une cuiller et une fourchette
qu'il croyait sans doute en argent, mais qui
étaient tout simplement en cuivre recouvert de
métal blanc. Ne trouvant plus rien à sa conve-
nance, il se dirigea vers la chambre du père
Zeller ; là, dédaignant et un petit réveil et ma
montre que j'avais laissée la veille sur la table
de travail, il se contenta de mettre la main sur
une livre ou deux de tabac et sur une théière
en porcelaine. Puis reprenant le chemin qu'il
avait déjà suivi, il sortit de la maison, en passant, non plus, cette fois, par le trou percé
dans la muraille, mais par la porte qu'il laissa
toute grande ouverte. Peu satisfait, sans doute,
de sa visite chez le Père, il voulut voir s'il ne
serait pas plus heureux chez le procureur. La
chambre de celui-ci, presque adjacente à la
mienne, ne possède en dehors de la porte
qu'une petite ouverture d'un ou deux pieds
carrés, où un grillage en bois garni de feuilles
de papier joue le rôle de fenêtre. Ce n'était pas
un obstacle sérieux pour le voleur : en un tour

de main, il fit sauter le grillage déjà à moitié rongé par les vers, et pénétra dans la chambre. Là, sans troubler aucunement le sommeil du procureur, il s'empara des habits suspendus aux murs ou placés sur les meubles et se retira emportant avec lui une valeur de cinq ou six ligatures (une trentaine de francs environ). Le matin, nous fûmes tout étonnés de trouver la muraille percée et la porte ouverte ; avec les traces laissées par le voleur, il nous fut possible de reconstituer l'épisode de la nuit tel que je viens de vous le raconter. Mon premier soin fut d'envoyer un courrier au P. Zeller qui revint peu de jours après. En attendant on avait fait bonne garde. Mais une semaine ne s'était pas écoulée que le voleur reparut. Comme la première fois, il essaya de percer la muraille et au même endroit ; seulement une grosse pierre qu'on avait eu la précaution de placer dans l'ouverture l'arrêta au milieu de de son opération. Loin de se décourager, et comptant toujours sur le profond sommeil du procureur, il pénétra de nouveau dans sa chambre et y opéra cette fois une razzia complète : argent, habits, linges, tout disparut et le pauvre domestique du Père vint nous trouver le lendemain, les larmes aux yeux, en nous disant que sa perte à lui s'élevait à une trentaine de ligatures (150 francs environ) et qu'il ne lui restait pas même une chemise de rechange. C'était l'exacte vérité : le pauvre diable avait perdu d'un seul coup ses économies de plusieurs années. Le Père le consola de son mieux, lui promit de l'aider, de lui acheter de nouveaux habits et cette assurance lui rendit un peu de tranquillité.

Naturellement, les deux visites presque consécutives du voleur nous ont tout à fait mis sur nos gardes et nous avons pris les moyens d'en prévenir de nouvelles. Les mauvaises fenêtres ont été remplacées par d'autres munies de contrevents et des meubles ont été placés contre la muraille, aux endroits où elle pourrait être percée.

Vous allez me dire : pourquoi ne pas prévenir la police ? Ah ! bien oui, la police ! En Chine, voyez-vous, satellites et voleurs s'entendent comme larrons en foire. Cela est si vrai, que lorsqu'un filou est placé sous la garde d'un agent du prétoire, celui-ci qui, bien entendu, n'entend pas *travailler pour le roi de Prusse*, rend chaque nuit la liberté à son prisonnier et l'envoie marauder aux alentours. Le matin venu, le voleur reprend sa chaîne et lui et son gardien fidèle partagent, en frères et amis, les fruits de l'expédition nocturne. Avec un tel système, le mieux est encore de faire la police soi-même ; c'est ce parti que nous avons pris.

C'est bien assez vous entretenir de choses peu importantes au fond. Un mot encore en finissant : *mes mois de nourrice* touchent presque à leur terme ; encore quelques semaines et je quitterai Tchông-Tsoùy pour revenir à Châ-Pin-Pà passer quelques jours et me rendre ensuite au poste que le bon Dieu m'aura assigné par la voix de mes supérieurs.

Soyons toujours unis dans les saints Cœurs de Jésus et de Marie.

Votre fils en N.-S.

Tchong-Tsoùy, le 13 septembre 1891.

LETTRE VIII

Ubi Crux, ibi Patria !

Les ames ! Le Ciel !

SOMMAIRE

*Pourquoi de si rares lettres ! — Une première
communion en Chine. — Examen prépara-
toire. — Joie du missionnaire. — Priez pour
que le missionnaire soit fidèle, soit saint !!!*

Mère bien-aimée

Chacune de mes lettres vous dit à sa manière
ou plutôt vous redit le bonheur toujours croissant que j'éprouve à me trouver dans ma nouvelle patrie, dans ma patrie d'adoption, dans
ce Su-Tchuen Oriental si cher à mon cœur de
missionnaire. A ma félicité, il est vrai, se mêlent parfois quelques amertumes : ce sont les
gouttes de fiel que le bon Dieu n'oublie jamais
de verser dans la coupe qu'il présente à ses
serviteurs pour leur faire mieux apprécier l'excellence de ses douceurs et de ses consolations
et leur donner l'occasion d'acquérir plus de
mérites. De ces amertumes, mère bien-aimée,
vous connaissez les plus grandes pour les avoir
partagées avec moi ; il en est d'autres moindres
assurément, mais qui ne laissent pas que d'être
toujours un peu pénibles et une de celles que
je ressens le plus vivement à cette heure, c'est
d'être depuis longtemps sans nouvelles de ceux

que l'éloignement m'a rendus deux fois chers.
La réception de la dernière lettre partie de la
Monselie remonte, en effet, à trois mois déjà.
C'est beaucoup, et je suis certain que si je passais moi-même un si long espace de temps sans
donner signe de vie, vous ne pourriez vous défendre des plus noirs pressentiments et des
plus vives inquiétudes, il est tout naturel
que mon cœur les ressente lui aussi et quoi que
je fasse pour les repousser, ils reviennent toujours. De grâce, épargnez-les moi à l'avenir, du
moins autant que cela vous sera possible ; que
chaque mois une petite lettre, aussi courte que
vous le voudrez, vienne me dire que vous êtes
tous en bonne santé, tous heureux et soumis à
la volonté du bon Dieu, et cela me suffira.

*
* *

Le retard survenu dans la nomination de
notre nouvel évêque prolongera de quelque
temps mon séjour à Tchong-Tsoùy. Loin de
regretter ce concours de circonstances, j'en
suis enchanté pour ce qui me concerne, car
cela me permet d'apprendre un peu mieux la
langue chinoise et de me former au ministère
apostolique, à l'école d'un excellent maître.
Ici, en effet, j'exerce à peu près les mêmes
fonctions que si j'étais chargé d'un district. A
l'occasion des grandes fêtes de l'Assomption et
de la Nativité de la Sainte Vierge, le bon Père
Zeller a bien voulu, comme je vous l'ai déjà
dit, m'inviter à prêcher et à entendre les confessions ; c'étaient les premiers pas, les plus diffi-

ciles à faire et si désormais je ne puis pas encore marcher tout seul, du moins je ne serai pas complètement novice.

Bien plus, cet aimable confrère, toujours attentif à me ménager les occasions de m'instruire, a trouvé un excellent moyen de me faire apprendre beaucoup de choses en peu de temps. De tous les coins de son vaste district, il était parvenu à réunir un nombre considérable d'enfants qu'il avait distribués dans deux écoles fondées à ses frais. Parmi ces enfants, il en avait choisi une trentaine des plus instruits et il les préparait à la première communion pour le dimanche du Rosaire. Quinze jours environ avant la cérémonie, le bon Père arrive dans ma chambre : « Tenez, me dit-il, sans préambule, je viens vous proposer de laisser là, pour un temps, vos livres et vos cahiers et de m'aider à faire subir à mes premiers communiants un examen én règle. » Et comme je lui objectais ma connaissanee insuffisante de la langue : « Allons donc, me répond-il, venez toujours, vous verrez que ce n'est pas aussi difficile que vous semblez le croire ; et puis, mon cher, c'est en forgeant qu'on devient forgeron ; si vous voulez apprendre, il n'y a pas de meilleur moyen que d'écouter. » Je me rends à ces raisons et nous voilà à l'œuvre : on commence par les petits garçons ; chacun vient à son tour et, pendant une demi-heure environ, doit répondre à une dizaine de questions sur les points fondamentaux de la doctrine chrétienne. Au début, peu confiant, et pour cause, dans mes

connaissances en langue chinoise, je me tiens
prudemment dans les limites d'un strict silence ;
mais bientôt, au cours des interrogations et
des réponses, je m'aperçois que beaucoup de
mots me sont connus ; je devine les autres et
fais de mon mieux pour les saisir au passage et
les retenir ; puis, comme rien encore ne vaut
l'exercice, je me hasarde à poser à mon tour
quelques questions, rares et clair semées d'a-
bord, plus fréquentes et mieux énoncées à
mesure que nous avançons. Bref, après trois ou
quatre heures de séance, je me trouve, à mon
grand étonnement, encore plus à ma grande
satisfaction, je me trouve, dis-je, à même de
pouvoir interroger d'une manière suffisante sur
les éléments de la doctrine chrétienne. Aussi
ne me fais-je pas prier lorsque le Père Zeller
m'invite le lendemain à une nouvelle séance.
Celle-ci est encore plus longue que la première et me permet d'étendre le domaine de
mes connaissances. Tout n'est pas fini là : sur
dix-huit *candidats*, douze ont répondu aux
questions d'une manière satisfaisante ; les six
autres ont besoin encore d'étudier un peu ; à
ceux-là on accorde un sursis de quelques jours
pour se préparer à un nouvel examen et, en
forme de conclusion, le Père Zeller ajoute :
« Maintenant, Père Serre, vous avez fait votre
apprentissage ; il s'agit de *voler de vos propres
ailes* ; en conséquence, dans une huitaine de
jours, vous me ferez le plaisir d'examiner seul
ces enfants et de voir s'ils sont suffisamment instruits pour faire leur première communion. »

Je voudrais bien essayer de protester, mais le Père me ferme la bouche avec son argument ordinaire : « Je réponds de tout. » Il ne me reste plus qu'à me préparer de mon mieux à mon rôle d'examinateur. Je le fais consciencieusement et au jour fixé je convoque mes *petits mioches*. Dans l'intervalle ils ont travaillé de leur mieux, fait appel aux lumières du maître d'école, de mon latiniste, de leurs condisciples plus instruits. Malgré tout, peu doués, pour la plupart, du côté de l'intelligence, ils sont loin d'être des *puits de science* ; enfin, ils savent du moins le strict nécessaire et comme ils joignent à cela d'excellentes dispositions, je leur annonce qu'ils seront admis au nombre des premiers communiants, à la condition d'étudier encore un peu et surtout d'être bien sages. Inutile d'ajouter qu'ils me promettent l'un et l'autre et, je dois leur rendre cette justice, qu'ils ont tenu parole et suppléé par un redoublement de piété à ce qui leur manquait du côté de la science. — Après les petits garçons viennent les petites filles au nombre d'une douzaine : toutes, sans exception, subissent l'examen avec succès. Une retraite de trois jours les prépare ensuite au grand bonheur de recevoir leur Dieu pour la première fois et enfin, le dimanche du Rosaire, nous avons une charmante petite fête de famille à laquelle deux confrères du voisinage sont venus prendre part. Le plus heureux, ce jour-là, après les petits enfants qui pour la première fois prenaient place au banquet eucharistique, était assurément le bon Père Zeller. Il

voyait le couronnement d'une œuvre à laquelle
il avait consacré tous ses soins depuis deux
années. Ce n'est pas chose facile, en effet, que
d'avoir une première communion en règle au
fond de la Chine : les chrétiens sont la plupart
du temps dispersés çà et là ; impossible de songer à faire venir chaque jour les enfants à la
station où réside le Père ; les distances ne le
permettent pas. Il faut donc, si on veut leur
donner une instruction sérieuse et suivie, les
établir dans sa propre maison, leur procurer
un maître d'école et pourvoir même à la subsistance de plusieurs, trop pauvres pour payer le
riz de chaque jour. C'est ce qu'a fait le Père
Zeller et, pour mener son œuvre à bonne fin, il
a dû prendre, je ne dirai pas sur son superflu,
— il est peu de missionnaires qui en aient —
mais souvent peut-être sur son nécessaire. Le
bon Dieu assurément le lui rendra au centuple ;
il a déjà commencé à le lui rendre en inondant
son cœur de consolations au beau jour de la
première communion de ses chers petits Chinois. Pour moi, témoin du zèle de ce dévoué
missionnaire, j'ai partagé son bonheur et conçu
un désir plus vif que jamais de travailler à la
gloire du bon Dieu par tous les moyens qui seront en mon pouvoir, d'y travailler surtout en
m'occupant de ces jeunes âmes, si chères à
Jésus et dont il a dit : « Laissez venir à moi
les petits enfants, car le royaume des cieux leur
appartient. »

Vous voyez, bonne mère, que s'il y a des
heures pénibles dans la vie apostolique, il y a

aussi des moments bien doux et bien conso-
lants. Ces moments, ils seront nombreux pour
moi ou plutôt ils rempliront toute ma vie si
vous le demandez sans cesse à Notre-Seigneur,
si vous lui demandez surtout de faire de moi un
saint et un zélé missionnaire. Que ce soit là
notre vœu à tous deux et notre prière quotidienne !

Ma santé est toujours des meilleures et depuis bien longtemps la fièvre m'a laissé absolument tranquille. J'ai affronté les chaleurs de
l'été sans presque m'en apercevoir : à présent
elles sont tout à fait passées et ont fait place à
des pluies presque quotidiennes, ce qui n'amé-
liore guère les chemins de la Chine ordinairement assez peu praticables.

Aussitôt que je recevrai ma destination ulté-
rieure, je vous écrirai.

Adieu, je vous embrasse tous,

Votre missionnaire.

Tchong Tsouy, le 16 octobre 1891.

LETTRE IX

Ubi Crux, ibi Patria !

Les ames ! Le Ciel !

A. M. D. G.

A son bienfaiteur.

Sommaire

Retour à Tchong-Kin. — Mgr Chouvellon. — Soutane, graines potagères ; envoyez : je rembourserai *quand je pourrai.*

Bien cher et vénéré Père.

Revenu de Tchong-Tsouy à Tchong-Kin le 5 novembre, j'ai laissé un instant de côté l'étude du Chinois pour me livrer à une occupation bien différente, mais qui, elle aussi, ne manque pas d'importance et d'intérêt : il s'agissait de renouveler les caractères chinois de l'imprimerie, défectueux pour la plupart et en trop petit nombre. Pour cela, il fallait des matrices et comme le procédé galvanoplastique est le plus simple et le moins coûteux, je m'étais procuré en France les objets nécessaires, cuve, vases poreux, sulfate de cuivre, acide sulfurique ; seulement de Paris à Tchong-Kin il y a loin et les bagages font encore plus difficilement le trajet que les individus. J'étais déjà ici que mes caisses avaient à peine touché Changhay.

Je quitterai probablement Tchòng Kin peu de temps après le nouvel an. Notre évêque, Mgr Chouvellon, est arrivé du district qu'il

administrait avant sa nomination ; le vicaire
apostolique du Thibet, Mgr Biet, obligé de re-
tourner en France pour cause de maladie, se
trouve également ici ; c'est une excellente occasion et on n'attend que l'arrivée des bulles
pour procéder au sacre. Il aura lieu probablement sous peu et ma destination à un des districts de la Mission me sera sans doute donnée
aussitôt après. Le Père Schultz que rien ne re-
tenait à Tchong Kin est déjà placé ; en compagnie d'un confrère plus ancien que lui, il visite
Ly-Toù-Pà, station située dans la direction du
nord, à six journées environ d'ici, sur les bords
du petit fleuve qui se jette dans le Yang-Tsè-
Kiang à Tchong Kin.

*
* *

Je n'ai pas besoin de vous dire que la nomination de Mgr Chouvellon a été accueillie
avec une véritable joie au Su-Tchuen oriental.
Depuis près de deux ans déjà notre pauvre
mission était veuve de son pasteur et les épreuves qu'elle avait essuyées durant ce laps de
temps étaient bien de nature à la faire soupirer après la venue d'un nouvel évêque. Enfin,
grâces à Dieu, ce premier vœu est comblé
aujourd'hui.

Un autre qui semble aussi en bonne voie de
réalisation, c'est le retour de la paix et de la
tranquillité dans le district si éprouvé de Tà
Tsioù. Pressés par la légation française, les
mandarins chinois semblent enfin mieux dis-
posés à rendre justice à nos malheureux chrétiens. Bien entendu, ce n'est qu'à contre cœur

et à leur corps défendant qu'ils s'exécutent,
mais peu importe ; nous n'attendons pas d'eux
une cordiale sympathie ; pourvu qu'ils se montrent équitables, cela nous suffira. Fasse le bon
Dieu que leurs promesses ne soient pas ce
qu'elles ont été trop souvent !

Et maintenant, cher et vénéré Père; que je
vous ai donné de mes nouvelles, je me permets
de vous demander un service, bien assuré que
vous me le rendrez si cela vous est possible.
J'aurais besoin de trois ou quatre mètres de
bon drap noir (drap de soutane) le plus fort
possible et d'une couleur solide. Si vous pouviez me faire cet achat, voici comment vous me
l'expédieriez : vous mettriez le drap dans une
petite caisse ou dans une bonne toile d'embal-
lage et vous me l'enverriez franco de port à
domicile par petite vitesse au Séminaire de
Paris avec l'adresse suivante : M. le Procureur
du Séminaire des Missions étrangères, 128,
rue du Bac, Paris, pour le P. Serre, missionnaire apostolique du Su-Tchuen oriental. Comme l'adresse pourrait s'effacer en route, il est
bon de l'écrire en assez gros caractères sur le
bois lui-même. Pour l'époque de l'envoi, le
faire au plus tard avant les vacances. Je vous
serais aussi bien reconnaissant d'introduire
dans le colis en question des graines des principaux produits de votre jardin, choux, salades,
etc., tous ces légumes viennent fort bien en
Chine. Mettre chaque espèce dans un papier
avec étiquette. Pardonnez-moi la liberté que je

prends de faire ainsi appel à votre bonté ; je vous *rembourserai* quand je pourrai....

Mgr Biet, évêque du Thibet, qui retourne en France, comme je vous l'ai dit, veut bien se charger jusqu'à Shang-Hay ou Marseille d'une petite caisse à votre adresse que le Procureur vous expédiera ensuite en gare de Bort ; elle contiendra du thé et quelques objets pour vous et ma famille. Je vous écrirai au moment où elle partira d'ici.

Agréez, avec mes vœux de bonne année, l'assurance de mes sentiments les plus dévoués.

Votre enfant en N. S.

Le 18 décembre 1891.

LETTRE X

Ubi Crux, ibi Patria !
LES AMES ! LE CIEL !
A. M. D. G.

A son bienfaiteur,

SOMMAIRE :

Destination apostolique. — Le district de Py-Chan.

Tchòng Kin, le 17 février 1892.

Bien cher et vénéré Père,

Enfin, je puis vous faire connaître ma destination, *provisoire* en apparence et au fond *définitive*. Je m'explique : le P. Zeller, auprès duquel j'ais passé mes cinq mois de *nourrice*, occupait le district de Py-Chan depuis 14 ans environ. Au commencement de janvier, Monseigneur ayant besoin d'un confrère expérimenté pour un autre poste, jeta les yeux sur lui et me demanda en même temps si le poste de Py-Chan me déplairait. J'aurais eu mauvaise grâce à répondre non. Depuis lors les choses ont marché leur train. Le P. Zeller, appelé par Monseigneur, est arrivé la semaine dernière. Comme il est un peu fatigué, il attendra quelque temps avant de se rendre à son nouveau poste : jusque là il demeurera officiellement chargé de Py-Chan et aux yeux des chrétiens je ne serai qu'intermédiaire : ce qui me permettra d'étudier le terrain plus à mon aise.

Ainsi donc, c'est en pays connu que je vais

vous ramener. Ensemble nous reverrons la maison de Tchong-Tsouy, que je quittais non sans regrets, il y a trois mois environ. Demain matin je me mets en route ; c'est l'affaire d'une journée et demie de voyage. Peu de temps après mon arrivée à mon nouveau poste je vous écrirai plus longuement.

Excusez-moi donc si je suis aujourd'hui un peu bref ; j'ai encore mes petits préparatifs de voyage à faire. Je vous quitte donc en vous promettant de venir vous retrouver sous peu.

Mille choses à ma mère et à tous mes parents. Un affectueux bonjour aux amis.

Tout à vous en Jésus et Marie.

LETTRE XI

Ubi Crux, ibi Patria !

LES AMES ! LE CIEL !

SOMMAIRE

Epreuves de santé ; remèdes et proverbes chinois ; sérénité sacerdotale. — Visite du district. — Persécution et choléra. — Retour à Tchong-Kin ; irrégularité de la poste chinoise.

Bien cher et vénéré Père,

Je viens de finir la visite de mes chrétiens et Monseigneur, toujours plein de sollicitude pour la santé de ses missionnaires, craignant que ce premier essai de la vie apostolique ne m'ait un peu fatigué, m'invite à venir prendre à Tchong-Kin quelques jours de repos. Aussitôt la fête des SS. Pierre et Paul passée, c'est-à-dire, probablement après-demain, je compte me rendre à l'invitation réitérée de Sa Grandeur, et cela d'autant plus volontiers que depuis quelque temps je me sens moins bien que de coutume. Est-ce une suite des brusques changements de température qui ne cessent de se produire à cette époque, ou bien faut-il attribuer cela à la visite des chrétiens et à quelques courses aux malades, faites presque coup sur coup, tantôt sous un soleil de feu, tantôt avec une pluie battante ? Je ne saurais trop vous le dire, mais ce qui est certain, c'est que ma pauvre machine semble un peu *détraquée* et fonctionne bien moins que par le passé. J'ai consulté plusieurs Esculapes chinois : l'un m'a trouvé du *hân*, c'est-à-dire de la fièvre attrapée par suite d'un refroidissement et m'a administré en conséquence des remèdes échauffants pour chasser le froid ; l'autre au contraire m'a découvert du *ho*, du feu, et m'a fait prendre des drogues rafraîchissantes. J'ai suivi fidèlement les prescriptions de l'un et de l'autre et avalé consciencieusement pendant une quinzaine de jours des bols d'un liquide noirâtre dont la vertu première était une odeur fort peu appétissante et un goût amer des plus prononcés. Bref, bien que le proverbe chinois dise : « Bon remède amer à la bouche, utile à la maladie ; parole sincère dure à l'oreille, utile à la conduite, » je n'ai pas encore retrouvé tout à fait mon assiette ordinaire ; à une lassitude générale se joignent des lourdeurs de tête, des pesanteurs d'estomac et des douleurs aigües parfois assez vives dans la région du cœur et les côtés.

Mais celà ne m'empêche pas de vaquer à mes occupations ordinaires et je suis certain que quelques jours passés à Tchong Kin auprès de Monseigneur et de quelques confrères suffiront pour me remettre complètement sur pied. N'allez donc pas vous alarmer sur mon état de santé : le malaise que je ressens depuis quelque temps est simplement une conséquence de l'acclimatement et disparaîtra aussitôt que les brusques variations de température auront fait place aux chaleurs continues.

*
* *

Mais c'est assez vous entretenir de ma per-

sonne ; parlons un peu du Su-Tchuen Oriental ;
et tout d'abord un mot de mon district. J'en ai
fait la visite à peu près complète, du moins
dans les endroits où il y a des chrétiens. D'après
ce que j'ai pu voir, j'ai ici environ quatre
cents confessions annuelles ; si à cela vous
ajoutez les enfants au-dessous de 7 à 8 ans, les
catéchumènes et les tièdes qui semblent avoir
perdu l'habitude de venir voir le Père, vous
aurez pour Py-Chan un total de 600 chrétiens
environ. Après mon retour de Tchong-Kin et
en attendant la seconde visite qui commencera
vers la Toussaint, j'ai l'intention de pousser
une pointe à une dizaine de kilomètres de
Tchong-Tsong. Il y a là plusieurs familles de
chrétiens disséminées un peu de tous les côtés
et qui, pour des raisons diverses, ne sont pas
venues depuis quelques années. Leurs dispositions semblent meilleures à présent et j'espère
qu'une petite visite contribuera à leur faire reprendre leurs anciennes habitudes.

* *
*

A Long-Chouy, théâtre de la dernière persécution, il y a du nouveau ces jours derniers.
Le sous-préfet s'est enfin décidé à essayer de
mettre la main sur les chefs des bandits ; mais
ceux-ci avertis à temps, n'ont pas attendu l'arrivée de la garde nationale qui n'a pu que brû-
ler la maison de l'un d'eux ; enfin c'est un premier pas et cela servira d'exemple en attendant
que justice se fasse plus complète.

Le choléra a fait, le mois dernier, de terribles
ravages à Tchong-Kin : les cercueils, dit-on,

sortaient par dizaines de la ville. Jusqu'ici la campagne a été épargnée : mais plusieurs villes sont fortement éprouvées.

Je finis ma lettre à Tchong-Kin où je suis arrivé hier au soir. Le changement d'air et surtout la société des confrères ont suffi pour amener un mieux des plus sensibles dans mon état de santé. Je ne souffre plus de la poitrine et l'appétit m'est revenu ; encore deux ou trois jours et je serai complètement rétabli.

Vous me demandez si je reçois vos lettres : elles me sont arrivées toutes ou à peu près je crois, mais plus ou moins régulièrement ; parfois j'en reçois deux à quinze jours d'intervalle ; d'autres fois, il faut attendre deux, trois et même quatre mois.

Mille choses à ma mère et à tous mes parents.

Votre fils en N.-S.

Tchong-Kin, 1er juillet 1892.

LETTRE XII

Ubi Crux, ibi Patria.

Les âmes ! Le Ciel !

Sommaire

A Tchong-Tsoùy. — La langue chinoise ; pour Dieu et les âmes, lentement et sûrement. — Chaleur torride ; difficultés des voyages ; allons quand même ; oh ! la bonne et belle mule ! Comme le P. Chicard ! — Aspect de la campagne chinoise : le choléra. — Regard jeté vers la France ; Eugène Simon et son livre ridicule, juste colère contre les malfaiteurs littéraires, ignorants ou menteurs. — Merci et demande de prières.

Bien cher et vénéré père,

Depuis mon retour de Tchong-Kin, je mène à Tchong-Tsoùy une vie calme et tranquille dont quelques courses aux malades viennent à peine de temps en temps rompre l'uniformité. Mais pour être moins mouvementée, moins variée que durant les premiers mois de l'année, mon existence ne laisse pas que d'être largement remplie. Bien que, à présent, en effet, je connaisse assez le chinois usuel pour administrer consciencieusement mon district, je suis loin et bien loin encore de posséder d'une manière parfaite la langue de Confucius ; pour cela il faut des années d'un travail constant et comme c'est surtout aux jours de la jeunesse que la mémoire et les autres facultés sont dociles ; je me hâte de profiter des années que le bon Dieu me donne afin d'être plus tard à même de faire plus de bien aux âmes. Tout en me perfectionnant dans la langue parlée par un usage quotidien, j'aborde d'une manière sérieuse l'étude des caractères ; c'est à peu près sans maître que je fais ce travail qui par suite est un peu plus laborieux ; mais aussi les résultats sont plus stables et si parfois je passe un quart d'heure à la recherche d'un caractère plus compliqué relégué dans un coin du dictionnaire, du moins je suis sûr, qu'une fois appris, ce caractère ne sortira pas de ma mémoire : d'ailleurs ne croyez pas que j'aille en aveugle : j'ai commencé par me munir de toutes les notions nécessaires et maintenant que j'ai quelques jalons plantés le long de ma route, je tâche de m'acheminer tout seul ; aller lentement et sûrement, apprendre peu chaque jour, mais apprendre bien, telle est ma maxime et c'est la bonne, je crois.

*
* *

Pendant que je m'escrime devant ma table de travail contre les caractères chinois, le soleil fait rage au dehors et c'est vraiment une température de feu que celle au milieu de laquelle nous vivons en ce moment. De sept heures du matin jusqu'à sept heures du soir, il est presque impossible de sortir et si la nécessité vous y oblige, il faut avoir bien soin de se couvrir la tête d'un immense chapeau de paille, sans quoi on courrait fort risque d'attraper au moins une demi douzaine d'insolations. Mais en chaise à porteurs, me direz-vous, au moins on doit-être à l'ombre. Ah ! bien oui ! Au bout de cinq mi-

nutes, la chaise à porteurs est une véritable
étuve d'où vous sortez cuit et recuit après
quelques heures de marche. Pourtant ce genre
de locomotion a cessé de faire mon cauchemar :
j'ai trouvé une petite mule d'un noir d'ébène,
d'une finesse d'encolure et de jambes à rivali-
ser avec un cheval arabe et, ce qui est encore
plus appréciable, d'une force de jarrets à faire
ses dix à quinze lieues par jour, sauf à recommencer le lendemain. Vient-on m'appeler pour
un malade : à l'instant même me voilà en selle ;
si le soleil est trop ardent, un gigantesque chapeau en paille me met à l'abri de ses rayons et
ma monture prenant le pas accéléré me procu-
rera un peu de fraîcheur malgré les ardeurs de
la température. Si au contraire il pleut, enfoui
dans une sorte d'imperméable chinois qui me
couvre des pieds à la tête, je laisse *dame nature*
verser abondamment ses pleurs. Me voilà donc
comme le célèbre Chicard [1], de glorieuse mémoire, *missionnaire à cheval* ; puissé-je, comme
lui, être un zélé et saint missionnaire ; au fond
il n'y a que cela d'important.

*
* *

A cette heure, la campagne chinoise ne laisse
pas de présenter un spectacle qui a son charme.
De tous côtés ce ne sont qu'immenses champs
de riz jaunissants sous les rayons du soleil ;
encore une quinzaine de jours et on commencera la récolte qui, cette année, s'annonce ex-
ceptionnellement bonne ; tant mieux pour les

[1] Missionnaire de grande originalité et de grande sainteté.

malheureux plus nombreux en Chine que partout ailleurs et qui trouveront ainsi quelque soulagement à leur misère.

Le choléra, après avoir fortement sévi à Tchòng Kin et aux environs, n'a pas osé franchir les hautes montagnes qui nous en séparent et mon cher district de Py Chàn est demeuré indemne. Que le bon Dieu en soit béni !

*
* *

Mais portons un instant nos regards vers la France, vers cette France que j'aime toujours, que je voudrais voir digne de son glorieux passé et qui, hélas ! semble vouloir s'enfoncer de plus en plus dans les voies ténébreuses de l'aberration et de l'impiété. C'est un spectacle vraiment triste que celui que présente notre pauvre patrie et je crois bien comme vous que si elle continue à marcher de ce pas, il faudra dans peu de temps lui envoyer des missionnaires pour l'évangéliser de nouveau.

Et d're que vos prétendus philosophes soi-disant profonds penseurs mais surtout *écrivassiers*, au lieu d'ouvrir un peu plus les yeux sur les iniquités qui les environnent, se mêlent de venir juger la Chine qu'ils ne connaissent guère et critiquer les missionnaires qu'ils connaissent encore moins ! Dernièrement je recevais de Paris un article découpé dans un des journaux boulevardiers de la capitale. C'était la reproduction d'une interview avec un certain Eugène Simon, autrefois consul en Chine, et qui, dans un livre intitulé la *Cité Chinoise*, a élaboré les élucubrations de son imagination fertile plutôt que des observations sérieuses et exactes. Dans l'article en question, après avoir dit en substance que lui, Eugène Simon, était le seul homme de France à bien connaître la Chine, il ajoutait : « Les vrais malfaiteurs en Chine, ce sont ceux que nous envoyons là-bas, ce sont nos missionnaires ». Et pourquoi, s'il vous plaît ? Parce que, répond tranquillement M. Simon, nous empoisonnons les Chinois de christianisme et nous brisons les liens de la famille qui est la vraie base de la société en Chine. Comment brisons-nous les liens de la fafamille ? M. Simon va nous l'expliquer encore: « Lorsque nous avons converti un Chinois, il laisse là les siens et s'en va demandant sa part de l'héritage, ce qu'on ne peut pas lui donner, puisque le patrimoine en Chine est *essentiellement indivisible*. » Vraiment il y a de quoi se tordre en voyant de pareils raisonnements et de pareilles assertions sous la plume d'un homme qui a habité la Chine et qui prétend la connaître. Pour l'honneur de M. Simon, j'aime à croire qu'il n'est jamais sorti de son cabinet de Tien-Tsin ou d'ailleurs, ou que s'il est sorti il était affligé d'une ophtalmie radicale qui l'empêchait de constater ce qu'un simple voyageur de passage peut voir du premier coup d'œil. S'il était allé dans la première famille payenne venue il aurait pu voir que le patrimoine en Chine, chez les payens comme chez les chrétiens, est *essentiellement divisible* et de fait *se divise* tous les jours. Lorsque le père de famille meurt ou, à cause de son âge, renonce à gérer les affaires, ses fils prennent chacun leur part, non seulement des champs, mais encore de la maison et cela recommence à chaque génération, jusqu'à ce que l'habitation, devenant trop étroite, une partie des descendants aille transporter ses pénates ailleurs. La division du patrimoine est donc une coutume essentiellement chinoise et non pas une conséquence du christianisme. Pour le voir, il suffit d'ouvrir les yeux et de regarder.

Quant au reproche que M. Simon nous fait de rompre les liens de famille, il est tout aussi peu fondé. D'abord les cas de conversions isolées sont rares et c'est généralement par familles qu'on vient au christianisme. D'ailleurs, lorsqu'une personne seule vient à nous, l'harmonie n'en est pas troublée pour si peu. Chacun fait ses dévotions de son côté, le chrétien au pied de la croix, le payen devant ses poù sâ ; l'un vient à l'oratoire, l'autre va à la pagode, et tout est dit.

Quant à l'épithète de malfaiteurs que nous applique si gracieusement M. Simon, elle convient surtout à lui. Le vrai malfaiteur est l'écrivain qui empoisonne l'esprit de ses lecteurs d'idées fausses et malsaines. M. Simon est de ces écrivains-là. Est-ce par ignorance ou de parti-pris ? Je ne sais. En tout cas, s'il revient jamais en Chine, il fera bien de mettre des lunettes et de s'informer un peu auprès des *malfaiteurs* qui en savent plus long que lui sur les questions chinoises.

*
**

Mais assez sur ce sujet. Je vous remercie, bien cher et vénéré Père, de toute la peine que vous vous donnez pour moi. Mille choses à ma mère, aux parents et aux amis.

Priez un peu pour moi.

Votre fils en N.-S.

Tchong-Tsouy, 5 août 1892.

LETTRE XIII

Ubi Crux, ibi Patria!

Les ames! Le Ciel!

SOMMAIRE

Encore un regard vers la France; où va-t-on ? — Sombres pronostics en Chine. — Prions!

Bien cher et vénéré Père,

C'est avec un profond sentiment de tristesse que j'ai parcouru votre dernière lettre. Oui, vraiment, vous allez bien dans cette pauvre France : la marche en avant s'accentue avec une rapidité qui, si rien ne vient l'enrayer, ne peut que vous conduire en peu de temps à l'abîme. Au moins, j'aurais pensé que les pays de foi, les pays éloignés des grands centres seraient plus lents à suivre le mouvement. Mais non. Il n'en est rien ; eux aussi tiennent à honneur de montrer qu'ils ne sont pas les derniers à avoir vu briller les lumières nouvelles et ils emboîtent le pas à la suite des meneurs. Pauvres aveugles qui se laissent mener par de non moins aveugles qu'eux. Puisse Dieu faire qu'ils ouvrent les yeux !

*
* *

Pour ma part, je suis loin aussi d'être exempt de soucis : si mon district est toujours calme et tranquille, celui de Tà Tsioù est plus que jamais en effervescence. Les bandits manqués deux fois par le mandarin, qui d'ailleurs ne semble pas très zélé pour les prendre se sont mis, cette fois, dit-on, en pleine révolte. S'il faut en croire les bruits qui nous arrivent de l'autre côté des montagnes, ils auraient, au nombre de plusieurs centaines, occupé plusieurs pagodes et camps retranchés placés sur les hauteurs. De là ils descendent dans la plaine pour piller : payens et chrétiens ont le même sort ; ce n'est plus la persécution, c'est la révolte ouverte. Au fond, cela vaut mieux et les mandarins du moins ne pourront plus trouver de prétexte plausible pour rejeter la faute sur les chrétiens.

Mais comment cela finira-t-il ? Le bon Dieu seul le sait. Pour le moment, mon district ne semble pas avoir grand'chose à craindre. Que Notre-Seigneur, la Sainte Vierge et les bons anges nous aient en leur sainte garde (1).

Vous voudrez bien me donner, à titre de renseignement le prix du drap que vous avez la bonté de m'expédier.

Adieu, cher et vénéré Père, prions toujours bien l'un pour l'autre.

Votre fils en N.-S.

Tchong-Tsouy, 22 août 1892.

---

(1) Ces craintes ne se réalisèrent que trop quelques années plus tard.

LETTRE XIV

Ubi Crux, ibi Patria.

Les ames ! Le Ciel !

A. M. D. G.

SOMMAIRE

Jours troublés ; inquiétudes ; les brigands ; prions.

Tchong-Tsouy, 24 septembre 1892.

Bien cher et vénéré Père,

A la suscription de ma lettre vous avez déjà deviné qu'il y a du nouveau dans nos lointains parages. Hélas ! oui, il y a du nouveau et non pas précisément du nouveau très égayant ; mais en Chine, il faut s'y attendre tous les jours. Bref, voici ce dont il s'agit ; je vous ai déjà raconté que les mandarins ont fait une tentative pour prendre les chefs des bandits de Tà Tsiou dont la tête est mise à prix. Cette tentative a échoué : les brigands ont pu se sauver à temps et se sont réfugiés, au nombre de quelques centaines, dans une pagode et une sorte de fort placés sur des hauteurs à pic d'un accès très difficile. S'ils s'en étaient tenus là, il n'y aurait pas eu grand mal ; mais poussés par la soif de sang et de pillage, ils sont bientôt redescendus dans la plaine et ont recommencé la triste série de leurs exploits de l'année avant la dernière.

Procédons par ordre : le 24 août, le Père Pierrès, curé de Tong-Liang, arrivait ici vers

midi. Il venait de passer un mois dans une famille chrétienne de son district placée sur les
confins de Tong-Liang et Tà-Tsioù et distante
de ma résidence de 8 ou 9 lieues. Le soir même,
après souper, un courrier venait en toute hâte
nous annoncer que quelques heures seulement
après le départ du Père Pierrès, les bandits
s'étaient jetés sur la maison qu'ils avaient brûlée en partie après avoir tout pillé ; heureusement, femmes, enfants, tout le monde en un
mot avait pu se réfugier à temps chez les payens
du voisinage. Après ce premier coup, la bande
établit son quartier dans un forum voisin, avec
l'intention de se jeter bientôt sur le district de
Py-Chan. Nous n'étions pas sans inquiétudes,
lorsque le 29 nous apprîmes que les brigands,
après avoir rétabli leur quartier général sur les
hauteurs, venaient de pénétrer de nouveau dans
le district de Tà-Tsioù. Le 29 même, ils détruisaient la station de Ong-Ky-Miao, où ils bles-
saient un chrétien. Comme ils revenaient de
cette expédition pour en entreprendre de nouvelles, ils se trouvèrent nez à nez avec le mandarin de Tà-Tsioù qui marchait contre eux avec
une centaine d'hommes. Le combat s'engagea:
du côté des bandits il y eut trois tués, trois pri-
sonniers et plusieurs blessés dont trois, dit-on,
sont déjà morts. Mais ce ne sont là que des
personnages secondaires. Les chefs restent toujours et comme ils savent qu'on ne leur fera
point quartier, ils se défendent en désespérés.
Je me tiens sur mes gardes pour prévenir un
coup de main de notre côté.

Hier soir on m'a annoncé que dans un marché éloigné d'ici de 4 ou 5 lieues, les vauriens du pays préparent une expédition contre Py Chan. J'envoie à la découverte un payen fidèle qui, au cas échéant, pourra me prévenir à temps. Ce qui me préoccupe ce n'est pas ma sûreté personnelle à laquelle il est facile de pourvoir, mais celle de mes pauvres chrétiens, des femmes et des enfants surtout qui en cas de surprise auraient de la peine à s'échapper.

Priez pour moi et pour mon cher petit troupeau ; à la garde de Dieu.

LETTRE XV.

Ubi Crux, ibi Patria !

> Les âmes ! le Ciel !
> A. M. D. G.

Sommaire

Simplement pour donner des nouvelles. — Difficulté des conversions ; espoir en Dieu.

Tchong Tsoùy, 4 septembre 1892.

Bien cher et vénéré Père,

Le Père Zeller appelé à Chà Fin Pà comme supérieur du petit collège et le Père Thomas qui apprenait la langue à Uin Tchouan, quittent ce soir Py Chàn où ils ont passé huit jours et descendent à Tchong Kin. J'en profite pour vous envoyer un petit mot à la hâte, uniquement pour vous dire que je me porte toujours bien. Les grandes chaleurs diminuent chaque jour d'intensité et tout semble nous promettre à bref délai des jours plus frais. Naturellement, on les verra arriver avec un sensible plaisir. Celà permettra de se remettre au travail avec plus d'ardeur car vraiment à l'époque des grandes chaleurs, on a beau faire, on se tient parfois impuissant à s'acquitter du moindre travail.

Encore un mois et demi environ et je re-

prendrai mon pèlerinage à travers mon district
m'arrêtant ici une semaine, là quinze jours. Je
compte beaucoup sur vos bonnes prières pour
faire un peu de bien. Les conversions sont bien
difficiles vous le savez et impossibles sans la
grâce du bon Dieu. Cette année j'espère toutefois avoir quelques catéchumènes : trois ou quatre se se sont déjà présentés ; je les fais instruire dans l'espoir qu'ils deviendront de fer-
vents chrétiens.

Mille choses à ma bonne mère et à tous parents. Un bonjour aux amis et aux prêtres des
environs qui veulent bien encore garder mon
souvenir.

Prions bien les uns pour les autres.

Votre fils en N.-S.

LETTRE XVI.

Ubi Crux, Ibi Patria!

LES AMES ! LE CIEL !

A. M. D. G.

SOMMAIRE

*Le saint Rosaire. — Le brigand U man Tsé.—
Histoire d'un messager pris à son piège. —
Toujours des craintes et des perplexités. —
A la garde de Dieu.*

Tchong-Tsouy, fête du Très saint Rosaire, 2 octobre 1892.

Bien cher et vénéré Père,

Il y a deux ans, à pareil jour, je disais à vos
paroissiens, réunis dans l'Eglise de La Monselie (1), les grâces innombrables obtenues par
la récitation du Rosaire et les engageais de
tout mon cœur à embrasser cette sainte pratique. Aujourd'hui j'ai traité le même sujet dans
une langue qui est encore loin de m'être aussi
familière que ma langue maternelle ; en quelques mots j'ai raconté à mon petit troupeau
comment le Rosaire, institué par saint Domini-
que, avait, plus que tous les efforts humains,
contribué efficacement à sauver la France des
horreurs des Albigeois, comment aux diverses
époques de l'histoire il avait protégé l'Eglise

(1) Paroisse natale du missionnaire.

contre les incursions des infidèles ; puis venant aux applications pratiques, je n'ai pas eu besoin d'aller chercher bien loin les rapprochements et les raisons pour mes chrétiens d'être plus que jamais fidèles au culte de la bonne mère du Ciel : « A quelques lieues d'ici, leur ai-je dit. des ennemis de notre sainte religion, moins nombreux, sans doute, mais aussi terribles que les Albigeois, ont tout mis à feu et à sang ; jusqu'à ce jour le bon Dieu n'a point permis qu'ils portent leurs coups de notre côté, tous, vous faites des vœux pour qu'il en soit encore de même à l'avenir ; eh bien ! soyez fidèles à réciter chaque jour pieusement la prière entre toutes agréable au cœur de Marie et j'ose pouvoir vous répondre que Jésus, la bonne Mère, les âmes du Purgatoire, les Anges gardiens de Py Chan mieux que tous les mandarins de Chine et les soldats du monde vous couvriront d'une protection efficace. »

Tel a été le fond de mon instruction : elle ne manquait certes point d'à propos dans les temps agités que nous traversons ; toutefois je dois vous dire que je prêchais un peu à des convertis ; sans doute, si vous ne trouvez pas la perfection en France, je ne vous engagerai pas à venir la chercher en Chine ; ce serait perdre votre temps, puisqu'elle n'est pas de ce monde ; mais, si nos chrétiens ont leurs petites misères comme tous les autres, si, en les voyant de près, on comprend facilement et sans avoir besoin de commentaire les épitres de saint Paul, il faut du moins leur rendre cette justice qu'ils sont, peut-être, plus qu'ailleurs, fidèles au culte de Marie et à la récitation du Rosaire en particulier. A peu près dans toutes les familles, on récite chaque jour, autant que possible en commun, au moins un chapelet.

C'est une bien grande consolation pour le missionnaire de voir ainsi la bonne Mère spécialement honorée et Marie ne peut manquer d'être touchée de tous ces hommages spontanés qui montent vers elle d'une terre où, hélas ! les bons sont si rares et comme perdus dans la foule des méchants. Puisse-t-elle être sensible à nos vœux, protéger pasteurs et troupeau et ramener la paix après laquelle les pauvres persécutés soupirent depuis si longtemps.

*
* *

Ces persécutés sont encore comme parle passé réfugiés un peu partout ; ceux d'entr'eux qui au commencement de cette année étaient revenus dans leurs foyers, ont dû gagner en toute hâte la ville de Tà-Tsiou pour échapper à une nouvelle incursion des bandits. Quant à ceux-ci, depuis quelques jours, ils semblent invisibles, je dirai même introuvables. La chose vous paraîtra peut-être extraordinaire ; c'est la pure vérité pourtant, du moins s'il faut en croire les bruits qui nous arrivent de Tà-Tsiou, et, ce qui paraît plus sûr, une lettre que j'ai reçue du P. Décomps, il y a peu de temps. Voici d'ailleurs la substance de cette lettre : Le 25 septembre, les notables de Lòng-Choùy-Tchen, principal théâtre des tristes exploits des bandits, allaient en ville de Tà-Tsioù prévenir

le mandarin que U man Tsé (1) et ses hommes
avaient disparu. N'ajoutant pas trop de créance
à cette communication un peu intéressée, le
mandarin envoya aussitôt des explorateurs
dans les parages antérieurement occupés par
les brigands et dans les montagnes voisines.
Ce n'est qu'après le retour de ces hommes
qu'on pourra être définitivement fixé. En tout
cas, il ne serait pas étonnant que U man Tsé
ait dispersé son monde et se soit momentané-
ment éclipsé en attendant un moment plus pro-
pice. Les trente et quelques morts qu'il a laissés
sur le terrain à Ché Ouàn Tchang, les nombreux
blessés qu'il a amenés avec lui, ont sans doute
sensiblement refroidi son ardeur belliqueuse.
De plus, son propre frère, fait prisonnier dans
le dernier combat, a été décapité le 20 septembre, en ville de Tà-Tsioù, par ordre du vice-roi
du Su-Tchuen. Ce fait est d'autant plus digne
de remarque qu'en Chine un criminel ne doit
subir la peine de mort que dans la capitale
même de la province ; on ne déroge à cet article du code que pour des cas extraordinaires et
lorsqu'il s'agit d'une punition exemplaire.
Cette fois l'exemple semble porter des fruits.
Mais, si U man Tsé demeure invisible, assurément il n'est pas loin : la rage dans le cœur, il
se cache, sans doute, dans les montagnes de
Tà-Tsioù, avec quelques hommes, prêt à réunir au moment favorable des centaines de gens
sans aveu qui l'aideront à se venger. En somme,

____

(1) Le chef des brigands.

tant qu'on n'aura pas mis la main sur lui, impossible de compter sur une sécurité parfaite et bientôt peut-être tout sera à recommencer.

*
* *

Et voyez encore une fois, je vous prie, la manière dont se conduisent les opérations militaires en Chine, manière qui, je vous l'ai dit, ne m'inspire pas une forte confiance. Alors que les bandits accomplissaient au grand jour leurs exactions, on s'est contenté de marcher contre eux avec quelques dizaines de soldats et une centaine de volontaires ; un premier succès néanmoins a été remporté, mais un succès incomplet : le principal chef et une partie des brigades ont pu s'échapper ; impossible de les poursuivre : soldats et gardes nationaux avaient épuisé poudre et munitions. Devant l'insuffisance patente des moyens dont il disposait, le mandarin de Tà-Tsiou a demandé à cor et à cri des renforts à Tchong-Kin et à la capitale de la province. Les renforts sont arrivés, accompagnés d'une cargaison de fusils à tir rapide et de 10.000 cartouches. Mais à quoi servira tout cela si U man Tsé reste introuvable ?

Malgré tout néanmoins, confiance en Dieu ! Lui, espérons-le, nous aidera plus efficacement.

A Py-Chan tout semble parfaitement calme ; on a tellement parlé de U man Tsé dans ces derniers temps que le sujet est devenu banal et presque fastidieux. Notre mandarin, craignant que les brigands pourchassés de Tà-Tsiou ne pénètrent sur le territoire de Py-Chan, a parcouru tous les forums de la sous-préfecture et donné des instructions aux chefs de la garde nationale. C'est pour nous une garantie qui peut être sérieuse, à la condition qu'on y mette de la bonne volonté. Mais la bonne volonté en Chine est le *rara avis* sur l'arrivée opportune duquel il ne ne faut pas trop compter. Pour moi, ma principale confiance est ailleurs et j'ose espérer qu'elle ne sera point trompée.

*
* *

9 octobre. — Décidément il est écrit que, de cette année, nous ne dormirons pas tranquilles à Py-Chàn. Après quinze jours d'une sérénité parfaite, voici que les alertes semblent vouloir recommencer et cette fois sous une forme qui se rapproche beaucoup de la *fumisterie*, et qui pour cela ne laisse pas de nous causer une certaine sollicitude. Voici ce dont il s'agit : hier, 8 octobre (18 de la 8ᵉ lune chinoise), c'était jour de marché à Tchén-Kià-Tchang : personne ne semblait songer à U màn Tsé et consorts et n'en parlait pas davantage. Dans la soirée, un individu arrive au forum et demande mon catéchiste, pour lequel il se dit porteur d'une lettre de majeure importance. Celui-ci, appelé aussitôt, ouvre la lettre et la lit : deux notables de Tà-Tsiou l'informent que, le 24 de la lune (14 octobre), U màn Tsé et ses bandits se jetteront sur Py-Chàn, pour piller les chrétiens et en particulier sa famille, l'une des plus considérables et des plus aisées du district. Qu'il déménage donc ce qu'il a de plus précieux et se tienne sur ses gardes.

Interrogé, le porteur de la lettre, qui semble d'ailleurs parfaitement au courant de ce qu'elle renferme, donne les détails les plus précis sur U-man-tsé et ses bandits. De plus il raconte que les deux notables de Tà-Tsiou l'avaient chargé lui et un autre de venir porter le billet en question et leur avaient remis pour frais de route 400 sapèques (environ deux francs) ainsi que quelques petits cadeaux déstinés au catéchiste. En route son compagnon, un homme sans conscience, lui a tout volé et s'en est retourné emportant même une partie de ses habits. Pour lui, il est venu quand même remplir sa mission, avec l'espoir, bien entendu, de recevoir 800 sapèques, prix de sa course, ce qui d'ailleurs, suivant l'habitude chinoise, est indiqué sur l'enveloppe.

Malgré tout ces détails, ou plutôt à cause même de ces détails, le catéchiste ne peut se défendre d'une certaine défiance. De plus, en examinant attentivement la lettre, il y découvre un nombre considérable de fautes d'orthographe qui semble peu en rapport avec l'instruction commune de deux notables. Quant à ces notables eux-mêmes, il ne les connaît ni d'*Ève* ni d'*Adan* : tout au plus a-t-il entendu vaguement parler de l'un d'eux, et puis, comme ils sont payens et éloignés de Py-Chàn d'une quinzaine de lieues, il se demande quel motif peut bien les pousser à l'avertir ainsi charitablement du danger qui le menace. Réflexion faite, et après avoir pris conseil de quelques chrétiens présents, il se dit qu'il a af-

faire à un imposteur qui veut lui extorquer
8oo sapèques et refuse de lui donner le prix de
sa course, du moins jusqu'à vérification des
renseignements qu'il apporte. Le porteur in-
siste, protestant de sa fidélité et disant que des
affaires pressantes nécessitent son retour immédiat à Tà-Tsiou. Sur ces entrefaites, arrivent
les notables du forun, qui une fois au courant
de la chose, sont absolument de l'avis des chrétiens : bien plus, ils font saisir l'individu, le
mettent sous bonne garde et lui disent : « Jusqu'au 24 de la lune tu seras nourri et logé gra-
tis : si, le 14, U-man-tsè paraît réellement, tu
recevras avec la liberté une récompense capable
de te dédommager de tout retard : si, au contraire, les nouvelles que tu apportes sont fausses,
tu prendras le chemin de la ville de Py-Chan
en très bonne compagnie et avec la recommandation du curé de Tchong Tsoùy et des notables de Tchén-Kià-Tchàng, recommandation
qui ne peut manquer de faire s'ouvrir d'elles-
mêmes devant toi les portes du prétoire, et qui
t'assureront pour quelque temps le vivre et le
couvert ainsi que quelques autres agréments
non moins appréciables ».

Vous voyez par là que les notables du forum
sont loin de nous être hostiles ; jusqu'ici ils ont
été toujours dans les meilleures relations avec
le missionnaire et les chrétiens et, comme ils
désirent sincèrement la tranquillité du pays, on
peut dire d'avance que, s'il nous arrive quelque
chose de fâcheux, ce ne sera pas de leur faute

et qu'ils feront même tout leur possible pour écarter de nous tout malheur.

Mais revenons à notre sujet : hier soir le procureur, en rentrant du forum, m'a raconté les événements de la journée et remis la lettre en question. J'ai examiné attentivement cette lettre et, malgré mon peu d'expérience encore dans la langue chinoise écrite, il m'a été facile de me convaincre qu'elle n'était pas même l'œuvre d'un lettré ordinaire de campagne, comme sont les notables. Passant ensuite en revue les diverses circonstances et le récit du porteur, j'ai tout naturellement été amené à conclure que nous avions affaire à un *chantage*. Si on avait tout simplement renvoyé l'individu les mains vides, je n'aurais pas donné d'autre suite à la chose. Mais puisque les notables ont l'intention de le retenir jusqu'au 24 de la lune, je me suis dit que le mieux était d'éclaircir promptement la question. Ce matin, donc, j'ai envoyé un courrier au P. Décomps, curé de Tà-Tsioù, en le priant de voir si parmi ses chrétiens il n'y aurait pas quelqu'un qui connût les notables en cause et pût savoir d'eux si oui ou non ils ont écrit la fameuse lettre. Après demain soir au plus tard j'aurai la réponse qui, j'en suis à peu près convaincu d'avance, sera négative.

*
* *

12 octobre. — J'ai reçu hier à la tombée de la nuit la réponse du P. Décomps ; elle est bien telle que je l'avais prévu : le porteur de la lettre est inconnu à Tà-Tsioù : quant aux deux nota-

bles en question, il ne sont rien moins qu'amis
des chrétiens ; inutile donc de leur faire demander s'ils ont écrit la lettre. Dès avant-hier
au soir, d'ailleurs, j'étais absolument fixé sur
ce point. Après un jour de détention, notre prisonnier, voyant que l'affaire tournait mal et
effrayé surtout par la perspective du prétoire,
s'est décidé à faire des aveux complets : « Je
suis un homme simple et sans malice, a-t-il dit
aux notables ; ces jours derniers je me trouvais
sur la route de Py-Chàn à Tchong-Kin, lorsque
je fis la rencontre d'un individu qui suivit la
même direction. Nous eûmes bientôt lié connaissance et au premier forum, mon compagnon m'invita à boire le thé ; il me raconta alors
qu'il avait des parents dans le voisinage, qu'il
désirait aller les voir et qu'il me serait bien reconnaissant de lui prêter une partie de mes habits, afin de pouvoir se présenter convenable-
ment chez eux. J'acquiesçai à sa demande et lui
avançai même deux cents sapèques destinées à
acheter quelques cadeaux pour ses parents. Le
tout devait m'être rendu dans deux jours. Mais,
dis-je à mon compagnon, pendant ces deux
jours que tu passeras chez tes parents, que vais-
je faire moi-même ?

— Oh ! répondit-il, la chose est bien simple ;
puisque tu as été si obligeant pour moi, je vais
te procurer une excellente occasion de gagner à
peu de frais une *somme rondelette*. A peu de
distance d'ici, demeure une grande famille chrétienne nommée *Ouàng* qui a quelques liens de
parenté avec une famille *Licoù* de Ta-Tsioù. Je

le rédige une lettre soi-disant adressée par les
Licoù aux *Ouàng* et dans laquelle j'écris que le
24 de la lune, U-màn-tsè et ses bandits se jetteront sur Py-Chàn. Tu portes cette lettre ; les
Ouâng, vu l'importance de la nouvelle, s'em-
pressent de payer le prix de ta course que pour
la circonstance j'inscris assez fort ; tu empoches
les sapèques, reviens avec et le tour est joué.
Ce qui fut dit fut fait ; en deux traits de pinceau,
mon compagnon de route eut rédigé la missive
qu'il me confia. Mais lorsqu'il fut parti, il me
vint un doute : si j'avais été moi-même victime
d'une fumisterie. Je résolus donc d'attendre quelque temps avant d'aller porter la lettre : deux
jours, trois jours se passèrent et mon homme
ne reparut pas ; j'avais dépensé le peu d'argent qui me restait et je n'avais plus une seule
sapèque pour descendre jusqu'à Tchong-Kin. Je
me décidai alors à venir porter la lettre adressée
aux Ouàng, espérant recevoir le prix de ma
course. »

Après avoir entendu ce récit, les notables,
croyant qu'ils avaient affaire à un homme plus
simple que méchant, lui promirent d'intercéder
auprès de moi pour que je ne donne pas suite
à l'affaire. Dès le soir même, en effet, je recevais leur requête. Par déférence pour eux, je
me serais empressé d'y faire droit, sans une petite circonstance. Dans la journée un chrétien
avait trouvé appliqué à l'extrémité du forum un
placard ainsi conçu : « le 24 de la lune on pil-
lera les chrétiens ; le bruit des cymbales et un
coup de canon donneront le signal. » Evidem-

ment ce placard, placé dans un endroit peu fré-
quenté, n'avait été mis là que pour effrayer
quelques chrétiens qui devaient prendre cette
direction le soir en retournant chez eux. Toutefois, comme il était une-conséquence de l'histoire de la lettre, je me dis qu'il était bon de
faire durer un peu plus la pénitence du porteur,
afin de rabaisser l'audace de ceux qui seraient
tentés de suivre son exemple. Je fis donc répondre aux notables que mon plus grand désir
serait d'accéder à leur requête, mais que, vu la
manière d'agir des méchants de Tchén-kia-
Tchàng, mon intention était encore de faire conduire le porteur de fausses nouvelles au prétoire, pour servir d'exemple. Toutefois, par considération pour eux, je consentais à lui faire
grâce et à le laisser mettre en liberté, aussitôt
que j'aurais reçu la réponse du P. Décomps, à
une condition néanmoins, c'est que les diverses
dépenses faites à cette occasion ne retombe-
raient pas sur nous. Il faut vous dire, en effet,
qu'en Chine les choses ne se passent pas tout à
fait comme en France. Dans les forums ordinaires, il n'y a ni prison, ni même de *violon* et
lorsqu'un individu doit y passer quelque temps
au secret, on l'installe tout simplement dans
une auberge; sous la surveillance de deux ou
trois gardiens qui répondent de lui. Si le dé-
tenu n'a pas de quoi payer, ce qui est le cas ordinaire, les frais sont à la charge de celui qui
l'a fait arrêter, jusqu'à sa translation au prétoire.
Si donc, nous voulions donner suite à l'affaire,
les premières dépenses nous incomberaient.

Mais puisque les notables demandent la grâce de l'individu en question, il est tout naturel que je me contenterai de faire droit à leur requête, en refusant de reconnaître les frais de détention. Les méchants de Tchén-kia-Tchàng ne manqueraient pas, en effet, de rire de bon cœur s'ils me voyaient solder les dépenses de notre *flibustier* après l'avoir fait mettre en liberté. Pour ne pas leur procurer de plaisir, j'ai donc répondu aux notables en faisant quelques restrictions. C'est là un excellent moyen de prolonger la pénitence. En Chine les ficelles à enfiler les sapèques sont toujours nouées très fortement et ne se dénouent pas du premier coup. Avant qu'on ait réuni la somme nécessaire pour la libération du prisonnier, somme qui d'ailleurs augmente chaque jour, il se passera bien au moins 24 heures. L'effet moral sera ainsi produit et pour le compléter, demain mon procureur se rendra au forum avec ma carte et les autres pièces nécessaires à la translation de l'individu au prétoire. Cela suffira, j'en suis convaincu, pour faire sortir les sapèques qui manqueraient encore, et la chose finira ainsi.

** **

13 octobre. — Tout s'est passé comme je vous le disais hier : ce matin de bonne heure, le procureur s'est rendu au forum en chaise ce qui n'est pas son habitude, vu la faible distance à parcourir. Aussitôt les principaux du forum, persuadés qu'il arrivait pour faire transférer le prisonnier en ville, sont venus encore une fois demander son élargissement. Le procureur qui

avait mes ordres a répondu que, par égard
pour eux, je voulais bien faire grâce, mais à la
condition que je n'aurais à supporter aucune
des dépenses. On a examiné ces dépenses :
elles se montaient à plus de deux ligatures
(une douzaine de francs environ) : aussitôt on a
organisé une cotisation ; quelques chrétiens y
ont même contribué, mais secrètement et soi-
disant à mon insu. En peu de temps la somme
nécessaire a été réunie : le prisonnier qui déjà
tremblait comme une feuille a fait mille et une
protestations à ses bienfaiteurs et s'est esquivé
au plus vite. Il est probable qu'il ne reviendra
pas de sitôt à Py-Chàn recommencer ses plai-
santeries de mauvais goût.

* *
*

17 octobre. — Inutile de vous dire que la
journée du 24 de la lune (14 octobre) s'est
passée sans le moindre incident : U-màn-tsè n'a
pas donné signe de vie.

N'importe, encore une fois, ce n'est pas une
solution et ces pauvres affaires de Tà-Tsiòu menacent réellement de s'éterniser. A l'heure présente, 4 à 500 soldats ou prétoriens mangent
tranquillement le riz du mandarin. Quant aux
bandits, toujours introuvables, ce qui leur est
facile d'ailleurs. Les chefs, sûrs de l'appui ou
tout au moins du silence des gens du pays, n'ont
qu'à se tenir bien tranquilles dans une des nombreuses mines de charbon des montagnes : leurs
adeptes pendant ce temps regagnent leurs quartiers respectifs, attendant l'heure favorable ; au
premier signal tout ce monde se réunit et....

vous devinez le reste ; c'est de nouveau le pillage à main armée, le meurtre, l'incendie....

Que le bon Dieu nous soit en aide et daigne nous protéger tous. Continuez, cher et vénéré père, à bien prier pour nous.

Votre fils en N.-S.

LETTRE XVII

Ubi Crux ! ibi Patria !

Les âmes ! Le Ciel !

A. M. D. G.

SOMMAIRE

Visite des chrétiens. — Le P. Pierrès. — A la garde des saints anges.

Bien cher et vénéré Père,

Ce n'est qu'un billet fort court que je me propose de vous envoyer aujourd'hui remettant à un moment plus favorable la réponse que je dois bien à votre bonne et longue lettre du 9 septembre, arrivée au Su-Tchuen à la fin de novembre.

La raison de tout cela, c'est que, par suite d'un incident imprévu, ma visite des chrétiens se trouve en retard et m'apporte un surcroît de besogne qui ne finira guère que vers la mi-janvier, époque à laquelle je serai obligé de descendre à Tchong-Kin pour assister à la retraite annuelle. Le 10 novembre je partais pour Lày-fong-y où je passais trois ou quatre jours pour me diriger ensuite sur Sè-tsè-Tchàng. J'étais à peine arrivé dans cette dernière station, que m'arrivait une nouvelle lettre des chrétiens de Tong-Liàng : « Père, me disaient-ils, venez en toute hâte, M. Pierrès est à la dernière extré-mité. » Je partis aussitôt, voyageai toute la nuit, et le lendemain matin j'étais auprès du P. Pierrès. Ce pauvre confrère était si mal qu'il ne me reconnut d'abord pas. Ma présence néanmoins lui fit du bien et la journée se passa sans trop de fatigue pour lui ; mais malgré tous les soins que je lui prodiguai avec le concours d'un médecin chinois, la maladie entra le lendemain dans une période des plus inquiétantes ; les pieds et les mains étaient devenus froids comme glace ; impossible d'y ramener un peu de chaleur vitale. A 10 heures du soir, j'administrai au Père Pierrès les derniers sacrements. A peine l'huile sainte eut-elle touché ses pieds et ses mains qu'un mieux sensible se manifesta ; le sang se remit de nouveau à circuler et le lendemain matin notre cher malade parlait même de se lever. Ce n'était pas la guérison complète, mais enfin c'était un mieux sensible et tout danger immédiat semblait écarté. Ensemble nous remerciâmes le bon Dieu. Le même jour arrivait une lettre de Monseigneur qui, averti par les chrétiens de Tong-Liàng en même temps que moi, croyait le P. Pierrès déjà mort. Je lui annonçai la bonne nouvelle en lui disant que je conduirais notre cher malade à Tchong, aussitôt qu'il serait capable de faire le voyage. Le 23 novembre, nous nous mettions en route et le 26 au soir nous étions auprès de Sa Grandeur. Le 29, au point du jour, après avoir confié le P. Pierrès aux soins de Monseigneur et des autres missionnaires, je reprenais le chemin de mon district où la besogne m'attendait. Pendant mon absence, les anges gardiens de Py-Chàn avaient fait bonne garde ; pas une brebis ne manquait au troupeau. J'ai repris ma visite là où je l'avais laissée, c'est-à-dire presque au début : encore un mois et demi et tout sera fini.

Mille choses à tout le monde : je n'ai pas le temps d'écrire plus long ; mes pénitents attendent.

Tout à vous.

LETTRE XVIII

Ubi Crux, ibi Patria!

Les âmes! Le Ciel!

A. M. D. H.

SOMMAIRE :

Remerciments. — Le voyage du missionnaire (1). — Neige et froid ; le climat au Su-Tchuen. — Misères à soulager ; foi en la Providence.

Bien cher et vénéré Père,

J'ai à vous accuser réception d'une foule de choses, les unes attendues, les autres qui l'étaient moins…, mais toutes également les bienvenues. Et d'abord, commençons par les attendues : merci pour le beau et solide drap que vous avez bien voulu m'envoyer ; je parcourrais tout le Céleste Empire qu'il me serait difficile d'en rencontrer d'aussi bien choisi et surtout à un prix si abordable… Avec cela, j'ai trouvé moyen de me confectionner un habit, qui, mieux que tous les tissus chinois, me garantira longtemps contre les frimas du Su-Tchuen ; et de plus, j'ai pu m'acquitter par un petit cadeau envers quelques personnes auxquelles j'étais redevable. Votre aimable envoi a fait ainsi plusieurs heureux : pour eux et pour moi une fois encore merci.

Merci également pour les espèces si variées de graines que vous avez bien voulu me choisir; elles semblent n'avoir pas trop souffert du voyage;

(1) Lettres du P. Serre, durant son voyage de Paris au Su-Tchuen, éditées sous ce titre et à son insu. — CATTIER, libraire à Tours, 4e édition.

bientôt je les confierai à la terre et tout porte à croire que sous notre ciel clément du Su-Tchuen elles lèveront à merveilles.

Quant au café je ne tenterai même pas un essai qui probablement, comme le vôtre, ne serait pas couronné de succès. Ici d'ailleurs nous sommes, sous ce rapport, mieux favorisé qu'en France ; si nous désirons du café le procureur de la Mission se fait un plaisir de nous en faire venir de Chang-Hay aux meilleures conditions.

*
**

Venons enfin aux objets ou plutôt à *l'objet inattendu*, je veux dire certain volume que vous savez et qui a paru sous mon nom (1). Je vous l'ai dit et vous me permettrez de vous le répéter avec tout l'affectueux respect que je professe pour vous, j'aurais mille fois mieux aimé voir mes lettres rester dans l'intimité pour laquelle elles étaient écrites. De celà je vous ai donné des motifs sérieux et non pas tous... Inutile d'en ajouter d'autres : la chose est maintenant sans remède ; le récit de notre voyage a pénétré paraît-il, au Séminaire de Paris et les nouveaux confrères l'ont apporté au Su-Tchuen Oriental où Monseigneur et quelques missionnaires présents ont bien voulu le parcourir depuis la première jusqu'à la dernière ligne. Sa Grandeur et ces Messieurs n'ont eu pour moi à ce sujet que de bonnes paroles...

Encore un mot sur ce sujet : mon compagnon de voyage, le Père Schultz, que j'ai vu à la re-

---

(1) Le *Voyage du Missionnaire*.

traite, m'a demandé de vouloir bien faire parvenir un exemplaire de notre voyage à sa tante. Je vous serais d'autant plus obligé de faire la commission, que cette personne s'est montrée pleine de bontés et de prévenances à mon égard, lorsque nous avons quitté la France. Voici son adresse : Mademoiselle Rosalie Bruel, rue Bonaparte, 86, Paris.

C'est de Tchong-Kin que j'écrivais à ma mère ma dernière lettre datée du 25 janvier. Le lendemain, je reprenais le chemin de Py Chan, distant, vous le savez, d'une quinzaine de lieues. Avec ma bonne mule, parcourir ce trajet, pourtant respectable, aurait été l'affaire d'une journée : mais comme il faisait un froid glacial, j'avais jugé plus prudent de laisser ma bête à l'écurie et de voyager en chaise à porteurs ; il me fallut ainsi deux jours pour regagner mes pénates et Dieu sait avec quelle peine. A mi-chemin, par extraordinaire, la neige s'était mise à tomber en abondance et c'est à peine si mes porteurs pouvaient trouver leur chemin au milieu de l'épaisse couche qui recouvrait le sol. Inutile de dire que véhicule et hommes roulèrent maintes fois dans les fondrières ; mais, somme toute, pas d'accident notable et le 27 au soir j'arrivais à mon oratoire un peu moulu par deux journées de chaise et une nuit passée en compagnie des punaises d'une auberge chinoise, mais tout heureux de me retrouver chez moi.

Je vous ai parlé des frimas, du froid glacial, des neiges du Su-Tchuen ; tout cela a dû vous

étonner un peu, persuadé que vous étiez que
nous vivions continuellement sous un ciel d'azur.
Rien de plus vrai cependant. Bien que le thermomètre ici ne descende guère à zéro. le froid
après la Toussaint, ne laisse pas de se faire
sentir et on y est d'autant plus sensible que
c'est un froid chargé d'humidité qui vous pénè-
tre jusqu'aux os. Aussi, pour s'en préserver et
s'éviter bien des maladies, est-on obligé de se
revêtir d'habits doublés en peau ou tout au
moins bien ouatés. Quant à la neige elle est
rare, il est vrai, au Su-Tchuen, du moins dans
notre région. Cette année, elle est tombée à
deux reprises seulement et chaque fois pendant
trois ou quatre jours. Et même les vieux disent
que depuis fort longtemps on n'en avait vu une
pareille quantité.

Depuis mon retour de Tchong Kin je n'ai eu
que peu de courses à faire : mes chrétiens sont
on ne peu *plus raisonnables* et malgré le froid
les malades sont rares. En revanche, du matin
au soir ma porte est assiégée de visiteurs la
plupart intéressés. C'est en ce moment l'une
des époques les plus mauvaises de l'année : au
dehors rien ne pousse et dans beaucoup de
familles pauvres la provision de riz est depuis
longtemps épuisée ; les patates, qui constituent
une des ressources des malheureux, touchent
aussi à leur fin et alors on vient trouver le Père
pour solliciter quelques centaines de sapèques
ou quelques mesures de riz.

Il n'est pas besoin de dire que je suis loin de
pouvoir faire face à toutes les demandes : les

deux écoles que j'ai dû entretenir pendant toute l'année ont fait une large brèche à mes modiques ressources ; mais enfin quand le besoin est réel je donne le peu que je puis, comptant toujours sur la bonne Providence dont le précieux secours ne fait jamais défaut.

Priez toujours pour moi, cher et vénéré Père.

Mille chose à ma mère et à tous mes parents.

En union de cœur et de prières je me dis toujours

Votre fils dévoué en N. S.

Mars, 1893.

LETTRE XIX

Ubi Crux! Ibi Patria!

Les âmes! le Ciel!

A. M. D. G.

SOMMAIRE:

La poste chinoise. — Un Memento des morts. — Visite du district. — La mort d'un chef de bandits: justice divine.

Bien cher et vénéré Père,

Vous désirez savoir si vos lettres et celles de mes parents m'arrivent et dans quel espace de temps. Je croyais avoir répondu au fur et à mesure à cette question; mais, puisqu'il n'en est rien, me voici tout disposé à vous satisfaire à l'avenir; et, pour vous prouver ma bonne volonté, je commence par votre dernière missive. Partie de la Monselie le 28 décembre, elle est arrivée à Tchong-Tsouy le 9 mars; comme vous le voyez, deux mois et demi, telle est la moyenne de temps que mettent vos lettres à parvenir au Su-Tchuen; parfois deux mois leur suffisent, mais bien souvent aussi il faut les attendre 90 jours et plus. Somme toute, rien de bien fixe dans les communications; de France à Chang-Hày, pas la moindre difficulté: les paquebots font régulièrement le service et 36 jours au plus suffisent pour la traversée. A Chang-Hày, les vapeurs anglais veulent bien se charger de nos lettres et, arrivés à Han-Kéoù, les confient au Père Vaudaqua, procureur des Franciscains; celui-ci les remet à la poste chinoise. Inutile de vous dire que cette poste n'est pas des plus rapides ; tous les trois ou quatre jours, un courrier part à pied de Han-Kéou pour se rendre à Tchou-Kin avec un chargement de lettres ou journaux ; c'est un voyage d'un petit mois. Sur la route, il arrive parfois que le courrier reçoit de nouveaux paquets plus urgents ou dont le port est plus élevé ; son fardeau se trouvant alors trop pesant, il en dépose une partie, laissant à un de ceux qui le suivent, le soin de la prendre, ce qui naturellement amène des retards dans le service. Enfin, après être restées parfois plusieurs jours en souffrance, voilà nos lettres à Tchong-Kin. Là, elles doivent encore attendre qu'elles puissent former un paquet convenable pour être envoyées aux destinataires. Si ceux-ci sont à l'extrémité de la mission, c'est encore un retard de plusieurs jours. Pour le moment, ce n'est pas mon cas : éloigné d'une journée et demie de Tchong-Kin, j'ai l'avantage d'avoir une poste qui, deux fois par semaine, passe sur le territoire de Py-Chàn à Lày-fong-y, station distante de Tchong-Tsouy de 15 à 20 kilomètres seulement ; là, se trouve une pharmacie où la poste dépose mes lettres et le baptiste me les fait parvenir par la première occasion.

Quant au service de Tchong-Kin à Chang-Hày, il se fait par eau et d'une manière un peu plus rapide. Deux ou trois fois par semaine, les compagnies postales équipent une petite barque montée par deux hommes qui rament à tour de rôle et naviguent nuit et jour. Arrivés à Y-Tchàng, ils vendent la barque, prennent

place sur un vapeur à Han-Kéoù et confient
notre poste au P. Vaudagua pour revenir ensuite,
par la voie de terre, à Tchong-Kin.

Vous voilà, je suppose, suffisamment édifié,
cher et vénéré père, sur le mode de fonction-
nement de la poste chinoise. Je passe donc à
un autre sujet.

*
* *

La mort de l'abbé Baillit, qui fut vicaire de
notre paroisse et se montra si dévoué, m'a douloureusement affecté. Depuis plusieurs années,
son nom avait une place marquée au memento
de mes amis vivants ; c'est au memento des
morts que je l'ai placé maintenant. Puisse le
bon Dieu avoir donné sa sainte paix à cette
chère âme !

*
* *

Depuis quelques jours, j'ai commencé la première visite de l'année 1893 et je me trouve en
ce moment à la station dont je vous parlais ci-
dessus, Lây-fong-y. Mes journées en visite des
chrétiens sont un peu plus remplies que d'ordinaire. Le matin, il faut se lever de très bonne
heure, car les fidèles arrivent aux premières
lueurs du jour. A la fin de la messe, instruction ; et ne croyez pas que je me mette en frais
d'éloquence pour parler à mes auditeurs : ce
n'est pas précisément du Bossuet qu'il leur
faut ; une explication familière de la doctrine
chrétienne produit beaucoup plus de fruits.
Chaque matin donc j'explique mot à mot un
chapitre du catéchisme. Puis après mon action
de grâces, pendant une ou deux heures, j'inter-

roge sur les points les plus importants de la doctrine ceux qui doivent venir se confesser ; jeunes et vieux, grands et petits, tous doivent répondre à tour de rôle. Puis pendant que chacun se prépare à la confession, j'ai le temps de réciter mes petites heures. Le reste de la matinée se passe au saint tribunal. Dans la soirée, aux heures laissées libres par le bréviaire et les exercices de piété, je prépare mon petit catéchisme du lendemain. Et c'est ainsi tous les jours jusqu'à ce que la dernière des confessions ait été entendue, pour aller reprendre le même travail dans la station suivante.

Une fois la visite de Sày-fong-y terminée, je me propose de rentrer à Tchong-Tsoùy pour la semaine sainte. Après la fête de Pàques je visiterai l'autre partie du district qui compte quatre stations.

*
* *

Py-Chan et les districts environnants, même Ta-Tsioù, sont pour le moment assez tranquilles. U-màn-tsè, le grand chef des bandits continue à rester introuvable ; reste à savoir si on le cherche sérieusement. En attendant, un autre de ses collègues en *banditisme* a payé de sa vie ses tristes exploits. Celui-là avait nom Ly-Chan-Yoù. Il y a trois ans, à Ta-Tsioù, il fut un des principaux fauteurs des désordres; dans la suite, voyant que les affaires tournaient mal, il s'était mis du côté du mandarin et l'avait accompagné dans sa campagne contre U-man-tsè. Cette campagne finie, il était rentré dans ses foyers. A la fin de l'année dernière, il s'était pris de querelle avec d'autres vauriens de Long-Choùy-Tchen qui, pour lui faire payer sa prétendue conversion et satisfaire leurs rancunes personnelles, le lardèrent de coups de couteaux et lui brisèrent bras et jambes ; quelques instants après, il expirait. Ce qui prouve, quoi qu'en disc le proverbe, que parfois les loups se mangent entre eux. La justice du bon Dieu a mille manières de s'exercer.

Et maintenant, cher et vénéré Père, j'espère que vous êtes content de moi. Je vous ai accusé de mon mieux réception de votre bonne lettre, à vos huit pages j'ai répondu par un nombre égal de pages. Je vous quitte pour préparer mon catéchisme de demain. Adieu, au revoir après Pâques. Mille choses à ma mère et à tous mes parents et amis.

Votre fils en N.-S.

22 mars, 1893.

LETTRE XX

Ubi Crux ! ibi patria!

Les âmes ! Le Ciel !

A. M. D. G.

SOMMAIRE

Retour à Cha-pin-pa. — Le collège. — Aspirations à reprendre la vraie vie du missionnaire.

Bien cher et vénéré Père,

En me voyant prendre le chemin du collège vous comptiez probablement sur une prompte missive et voilà que je vous l'ai fait attendre un grand mois. Cela vous prouve mieux que toutes les affirmations qu'ici aussi bien qu'en district on trouve l'emploi de chacun des instants de ses journées ; vous pouvez en conclure également que l'ennui n'a pas droit de cité en ce séjour et que les heures y passent bien vite.

Autrefois, il y a de cela deux ans, je vous ai présenté Cha-pin-pa. Depuis cette époque, il n'a guère changé : c'est toujours la vieille et vaste maison chinoise qui, il y a six ans, s'est trouvée là fort à-propos pour suppléer aux deux collèges de Pèe-ko-choù et de Chèn-kèn-tsè, détruits par les persécuteurs. A l'heure actuelle, soixante et quelques élèves s'y trouvent réunis; et pour diriger et enseigner tout ce *petit* et *grand* monde, nous sommes quatre confrères européens. Au grand collège, le Père Gourdon, supérieur, qui dirige en outre l'imprimerie, le Père Lacaze professeur de seconde, et enfin votre serviteur qui enseigne par intérim la théo-

logic et la rhétorique, en attendant le rétablis-
sement du Père Rogie, professeur titulaire, qui
en ce moment se repose dans mon agréable résidence de Tchong-Tsoùy. Au petit collège, le
Père Zeller, mon prédécesseur à Py-Chan, apprend le B A Ba de la latinité à une trentaine
d'enfants ; il est secondé dans sa tâche par trois
élèves qui ont fini leur cours et se préparent
aux ordinations. Il en est de même au grand
collège où les classes inférieures sont professées
par des théologiens dont les études sont ter-
minées.

*
* *

Voilà en résumé l'état actuel du collège ; en
somme la vie qu'on y mène est moins agitée
que celle du missionnaire en district, mais tout
aussi remplie. Pour ma part, matin et soir, lorsque j'en ai fini avec les théologiens, il faut recommencer avec les rhétoriciens et ainsi tous les
jours que le bon Dieu a faits. Je ne parle pas
de la philosophie ; comme cette année il n'y a
pas d'élèves pour ce cours, j'en suis dispensé
et me contente de la philosophie pratique en
acceptant une situation que je n'avais ni rêvée
ni désirée. Car enfin, il faut bien vous le dire,
c'est sans enthousiasme que je suis venu ici ; le
collège n'est pas précisément le lieu où un jeune
missionnaire peut se perfectionner dans l'étude
de la langue et des mœurs chinoises. Aussi
Monseigneur a-t-il refusé jusqu'au dernier moment de se rendre au désir de ces Messieurs
qui me demandaient comme aide ; ce n'est que
lorsqu'il a vu le Père Rogie absolument incapa-

ble de continuer son cours qu'il m'a demandé
enfin d'aller le remplacer. Mon intérim se prolongera probablement jusque vers le mois de
septembre.

J'ai reçu la lettre de ma mère datée du 28
février, ainsi que le petit mot ajouté pour vous.

Mille choses à tous mes parents et amis.
Agréez, cher et vénéré père l'assurance de mon
profond respect.

Votre tout dévoué fils en N.-S.

Juin, 1893.

LETTRE XXI

Ubi Crux ! ibi Patria.

Les âmes ! Le Ciel !

A. M. D. G.

Sommaire

*Les vacances du collège. — Occupations variées.
Encore le désir de l'apostolat. — Vie intérieure. — Aperçu sur les missions de Chine.
Tempérament chinois. — Labeur des missionnaires. — Les brigands. — Aux amis du pays.*

Bien cher et vénéré Père,

Après un jeûne forcé de deux mois environ,
j'ai reçu enfin, le 16 courant, votre bonne lettre
du 6 mai et celles de maman, grand'maman,
Noémi (1). Elles sont venues en chœur me faire
oublier les longues heures d'attente et me causer une joie d'autant plus profonde que je la
goûte moins souvent.

Depuis mon entrée au collège, plus ou moins
occupé et préoccupé par les soucis de l'enseignement, je n'ai pu écrire qu'une ou deux fois
et encore d'une manière assez brève ; aujour-
d'hui me voilà plus libre ; nos vacances ont
commencé le 13 courant et je compte bien en
profiter pour satisfaire tout le monde, vous en
premier lieu, cher et vénéré père, et puis mes
parents.

Mais je dois vous dire tout d'abord que les
vacances de Chà-pin-pa ne ressemblent pas précisément à celles de France ; nos élèves, sauf

____

(1) Sa sœur.

des cas exceptionnels, ne retournent point dans leurs familles et, à l'enseignement près, il faut leur continuer les mêmes soins que pendant le reste de l'année. C'est vous dire que les professeurs ne peuvent guère déserter leur poste : tout au plus leur est-il possible d'aller à tour de rôle respirer pendant quelques jours l'air des champs. N'allez pas croire d'après ces derniers mots que le collège se trouve en ville ; non, Châ-pin-pa est en pleine campagne, mais, vu la position peu agréable et peu saine de la maison, on n'y trouve guère les agréments de la vie champêtre ; ce qui manque surtout ce sont les lieux favorables aux longues promenades ; aussi saisit-on avec plaisir l'occasion d'en sortir ; mais je vous l'ai dit, cette faveur n'est guère que de quelques jours pour chacun des professeurs.

Comme je ne suis ici que par intérim et que dans peu de temps j'irai reprendre ma vie d'autrefois, j'aurais mauvaise grâce à exiger ma part des vacances ; je la cède donc bien volontiers à mes chers collègues depuis plus longtemps enfermés entre quatre murs ; ils sont au nombre de trois, vous le savez : le P. Gourdon, supérieur du grand collège, le P. Lacaze, professeur de seconde, le P. Zeller, supérieur du petit collège. Ce dernier n'est autre que mon prédécesseur à Py-Chan, ou pour mieux dire *ma bonne et chère nourrice*, comme je l'appelle à juste titre, car il m'a traité en enfant bien-aimé durant les quelques mois que j'ai eu le bonheur de passer auprès de lui à mon arrivée en Chine. Depuis un an environ, il dirige le petit collège

et je n'ai pas besoin de vous dire combien il
m'a été agréable de le retrouver ici. Plus que
tout autre, ce bon Père dont la santé est faible
avait besoin de vacances ; je lui ai donc offert
de tenir sa place pendant qu'il irait revoir son
ancien troupeau de Py-Chan qui est aujourd'hui
le mien. Il a accepté, vous n'en doutez pas, avec
plaisir et, en attendant son retour qui aura
lieu vers l'Assomption, je suis passé du grand
au petit collège et ai changé mes galons de professeur de théologie et rhétorique *par intérim*
contre ceux de supérieur, toujours *par intérim*.
Mes nouvelles fonctions ne m'imposent pas une
charge très lourde : les *moutards*, comme dirait
le bon M. Delmont(1), bien qu'un peu tapageurs
sont assez raisonables : il suffit d'être là pour
les surveiller.

A cette surveillance j'ajoute quelques autres
occupations telle que l'étude de la langue et de
l'histoire chinoises. Entre temps je corrige des
épreuves d'imprimerie et enseigne les rubriques
de la messe et celles du bréviaire à quatre jeunes gens dont deux seront ordonnés prêtres et
deux diacre et sous-diacre au mois de septembre.

Voilà mes petites occupations ; elles ne sont
pas écrasantes. mais suffisent pour remplir à
peu près mes journées et bannir l'ennui.

Vous dirai-je maintenant que je brûle d'être
rendu à la vie active et de me retrouver au
milieu du troupeau confié à mes soins ? Eh

----

(1) Aujourd'hui à l'Institut catholique de Lyon.

bien ! sans employer des expressions si fortes,
je vous assure que mon désir intime est d'être
remis au plus tôt en district. Et ce n'est pas
là, croyez-moi, un désir d'impression, de sentiment ; c'est un désir raisonné. Sans doute la vie
de professeur est une vie féconde et d'autant
plus méritoire qu'elle est plus obscure. Mais je
le vois par ma propre expérience et c'est aussi
l'opinion de tous les confrères : pour être vraiment à la hauteur de sa tâche dans un collège
des missions, il est absolument nécessaire d'a-
voir puisé dans l'exercice du ministère apostolique une expérience à laquelle la science et les
meilleures qualités naturelles ne sauraient suppléer. Cela est surtout vrai en Chine où de
plus, dans n'importe quelle fonction, une connaissance approfondie de la langue est absolument requise. Or, ce n'est pas au collège mais
en district et en district seulement que cette
connaissance peut vraiment s'acquérir. Et si on
veut la posséder d'une manière aussi parfaite
qu'il est possible à un étranger de l'avoir, il
est bon de ne pas attendre que les années soient
venues affaiblir les facultés de l'esprit.

*
* *

Voilà, cher et vénéré Père, les raisons qui
me font désirer d'être rendu au plus tôt à la
vie active et de reprendre le chemin soit de Py
Chàn, soit de tout autre district. Selon toutes
probabilités, je serai exaucé vers la fin du mois
d'août ; le P. Roger que je remplace se rétablit
promptement, grâce au bon air et aux agréables
promenades de Py'Chàn et Monseigneur, qui

est venu assister à nos examens, m'a assuré que son plus grand désir était de me rendre au plus tôt à la vie de district.

En attendant, je continue à jouir des avantages du séjour au collège ; je ne parle pas des avantages corporels ; ils sont peu appréciables. Ce que j'estime surtout, ce sont les avantages spirituels ; ici on a la vie de règle, le silence, la paix, la confession fréquente, toutes choses dont l'absence ne laisse pas que d'être un peu pénible en district. Ici on est moins au milieu du monde et par suite à l'abri de bien des dangers et des tentations, Vous comprenez facilement tout cela, cher et vénéré Père. Pour moi, je m'efforce de profiter de mon court passage au collège pour retremper un peu ma pauvre âme et lui donner une force nouvelle. Priez bien le bon Dieu et la bonne Mère, s'il vous plaît, de m'accorder une assistance continuelle, afin que dans l'exercice du saint ministère qui m'est confié, je conserve toujours sans tâche la blanche robe de mon sacerdoce et devienne un saint et zélé missionnaire. C'est là la seule grâce que je souhaite !

* *

Vous me demandez, cher et vénéré Père des détails sur l'état des diverses missions de Chine ; c'est là une question bien compléxe et j'aime mieux vous avouer de suite que je ne me sens pas capable même de l'effleurer ; il me manque pour cela, en effet, les données suffisantes et tout au plus pourrais-je vous parler un peu du Su-Tchuen Oriental. Je crois l'avoir déjà fait plus ou moins, à l'occasion, dans mes lettres précédentes ; mais *bis repetita placent*, dit-on. Au risque donc de redire les mêmes choses, je vais essayer de vous satisfaire et d'esquisser à grands traits notre situation présente.

Pour le nombre des missionnaires et des chrétiens, le Su-Tchuen Oriental est à peu près ce que vous l'avez vu dans les notices jointes aux cartes que je vous ai laissées. Les derniers et terribles orages qu'il a essuyés presque coup sur coup dans l'espace de quelques années n'ont pas sensiblement diminué le nombre de nos néophytes, mais aussi sont loin d'avoir accéléré le mouvement des conversions. Plus que jamais, il est difficile de faire des nouveaux chrétiens, surtout dans les lieux éprouvés par la persécution et les districts voisins. Avant tout les chinois sont gens pratiques et lorsqu'aux nombreux obstacles qui les éloignent de la religion chrétienne vient se joindre la perspective de perdre ce qui les fait vivre et de voir leur tranquillité sérieusement compromise, vous concevez qu'ils y regardent à deux fois avant de faire le pas décisif. Aussi quelle différence entre notre Mission et les pays d'Annam où, dit-on, les villages en entier se convertissent et les payens viennent par centaines au christianisme. Ici la terre que nous cultivons n'est sans doute pas complètement stérile, mais rares et et bien rares sont les fruits annuels qu'il nous est donné de recueillir.

Pour parler de Py Chan en particulier, durant le temps un peu court, il est vrai, de mon administration, je n'ai eu guère à enregistrer que trois ou quatre baptêmes d'adultes et un nombre à peu près égal de nouveaux catéchumènes. Quelques jours avant mon départ pour le collège, il est vrai, on venait m'annoncer que dans une station éloignée où je ne compte que dix et quelques chrétiens, trois familles payennes songeaient sérieusement à embrasser le christianisme. Ce serait un total d'une quarantaine de personnes. Mon départ imprévu m'empêcha de m'occuper de cette affaire et l'état de santé du Père Roger ne lui aura sans doute pas permis de la mener à bonne fin. Mais si le bon Dieu permet que je retourne à Py Chan, j'espère bien la reprendre. Comme pour les œuvres de ce genre la grâce du bon Dieu est surtout nécessaire, je fais une appel tout spécial à vos bonnes prières et vous demande un souvenir particulier au Saint Sacrifice à cette intention.

L'année dernière, je vous ai raconté au fur et à mesure les faits et gestes des bandits de Tà-Tsiou. Depuis la triste fin de son digne frère, U-man-tsè, le grand chef, n'a pas jugé opportun de se produire au grand jour. Il a repris, dit-on, son ancien métier de charbonnier et se cache dans une des mines du pays. Mais deux autres principaux acteurs du drame qui avaient cru inutile de prendre cette précaution, tant ils se croyaient sûrs de l'impunité, ont été pour jamais délivrés du danger des migraines, l'un par des brigands de leur acabit, l'autre par un citoyen non moins honnête que lui, que le mandarin avait à cet effet tiré de prison : ce qui, nonobstant le proverbe, prouve que les loups se mangent parfois entre eux. Le district de Tà-Tsiou se trouve ainsi purgé de trois chefs de bandits et d'une quarantaine de leurs séides. C'est peut-être la première leçon sérieuse donnée aux persécuteurs en Chine. Espérons qu'elle leur sera profitable et à nous aussi !

*
* *

Je suis on ne peut plus sensible au souvenir affectueux que veulent bien me garder mes amis, et vous prie de vous faire l'interprète de mes sentiments les plus reconnaissants et les plus dévoués. A tous et à chacun dites que je leur garde une place tout spéciale dans mon cœur et que leur pensée m'accompagne chaque jour au saint sacrifice de la messe. Qu'ils veuillent bien en retour penser un peu à moi aux pieds du bon Dieu : j'ai tant besoin de prières !

Dans quelques jours j'écrirai à Noémie et peu après à maman. Il est bon que je profite de mes vacances ; on ne sait pas ce qui peut arriver après. En attendant mille choses à tous mes bons parents.

Pour vous, cher et vénéré père, agréez une fois encore l'expression de ma profonde reconnaissance. En union de prières je suis toujours.

Votre missionnaire et fils dévoué en N.-S.

LETTRE XXII

Ubi Crux ! Ibi Patria !

Les âmes ! Le Ciel !

A. M. D. G.

Sommaire

Travaux apostoliques, visites des chrétiens, leur importance. — Echo lointain des choses de France. — Nouveaux missionnaires. — Solide comme le Plomb du Cantal.

Bien cher et vénéré Père,

C'est à la fin du mois d'août que j'ai réintégré mon poste de Py-Chan ; depuis lors je n'ai guère quitté l'oratoire, si ce n'est dans les premiers jours de septembre, pour aller faire une visite à mon confrère et voisin de Tong-Liang, Monsieur Pierrès. Ce cher Père n'est vraiment pas favorisé sous le rapport de la santé ; chaque année des crises de plus en plus fortes le clouent sur le lit pour des mois entiers. Pour la seconde fois déjà je lui ai administré le sacrement de l'extrême-onction. Grâces à Dieu sa forte constitution a triomphé de la maladie ; une certaine amélioration s'est produite dans son état et lui a permis, à la mi-septembre, de descendre à Tchong-Kin où les médecins européens ne tarderont pas, je l'espère, à le remettre sur pied.

En attendant je reste chargé des deux districts, celui de Tong-Liang et le mien, du moins pour la visite des malades. Jusqu'ici les chrétiens de l'un et de l'autre ont été on ne peut plus raisonnables et je n'ai eu que quelques courses insignifiantes à faire.

En revanche les affaires d'administration intérieure ne manquent pas. Pendant les quelques mois que j'ai passés à Chà-pin-pa, tout avait plus ou moins chômé ; aussi à mon retour ç'a été un véritable assaut et pendant plusieurs jours, du matin jusqu'au soir, ma porte a été assiégée par les visiteurs : celui-ci venant demander conseil, celui-là protection contre les paysans qui l'opprimaient, un autre sollicitant un secours pécuniaire, et ainsi de suite.

Enfin je respire un peu plus librement, mais pour peu de temps : la moisson du riz est terminée depuis longtemps déjà ; les autres travaux touchent aussi à peu près à leur fin. Encore quelques jours et je me mettrai en route pour faire une fois de plus ma tournée à travers mon district. Cette tournée ne manque pas de charmes ; sans doute elle est un peu pénible ; du matin jusqu'au soir ou à peu près il faut catéchiser, confesser, régler les affaires en litige. Mais aussi on est bien heureux de voir ces chrétiens de près, de s'occuper de leurs âmes qu'ils sont bien portés à négliger, de les élever vers les choses du Ciel auxquelles ils pensent, hélas ! trop peu souvent.

La situation générale de notre mission est toujours à peu près la même. Pour le moment, nulle part il n'y a de persécution ouverte, mais la haine du nom chrétien et français persévère avec d'autant plus de force qu'elle est comprimée. Par suite, les conversions sont bien faibles. N'importe, nous allons toujours glanant çà et là les quelques épis que le diable laisse échapper par inadvertance et jetant les semences de la moisson que nos frères plus jeunes recueilleront un jour, il faut l'espérer.

*
* *

Et vous, cher et vénéré père, que faites-vous? Votre dernière lettre m'est parvenue, il y a déjà trois mois ; il me tarde bien d'en recevoir une autre.

S'il faut en croire les échos lointains qui nous arrivent de France, notre pauvre pays est loin de marcher dans la voie de la régénération et du progrès. On espérait que les scandales du Panama ouvriraient enfin les yeux de tant de pauvres aveugles. A en juger par les élections législatives dont j'ai entendu dire un mot, c'est juste l'effet contraire qui a été produit. Pauvre France ! Pauvre France !

Si elle continue de marcher de ce pas, il faudra bientôt envoyer des prêtres de Chine pour l'évangéliser à neuf. Mais nous espérons que le Sacré-Cœur et la bonne Vierge de Lourdes produiront le grand miracle de sa conversion.

*
* *

Cette année nous arrive un renfort de trois nouveaux confrères. J'espérais que le Père Pouget (1) serait du nombre, le bon Dieu en

(1) Du diocèse de Saint-Flour.

dispose autrement et envoie ce cher ami au Japon où certes il trouvera un vaste champ pour déployer son zèle.

A ces trois missionnaires se joignent deux prêtres chinois qui viennent d'être ordonnés. Cela permettra à Monseigneur de faire face aux besoins les plus urgents et de soulager plusieurs confrères dont la santé est bien délabrée.

Pour moi, je suis toujours solide comme le *Plomb du Cantal*. Le régime chinois m'est devenu aussi familier que le régime Européen et bien qu'il me soit facile de me procurer du pain, je le laisse volontiers pour le bon riz du Su-Tchuen. Quant aux vins chinois, ce sont tous des poisons à dose plus ou moins forte, mieux vaut une bonne tasse de thé.

Un bonjour aux prêtres de ma connaissance.

Agréez, cher et vénéré Père, l'assurance de mon entier dévouement.

Votre fils en N. S.

LETTRE XXIII

Ubi Crux! Ibi Patria!

Les âmes! le Ciel!

A. M. D. G.

SOMMAIRE

*Spirituelle dissertation sur la vie de profes-
seur. — Les âmes! Les âmes! — Littérature
chinoise; grande tournée.*

Tchong-Tsouy, 5 novembre 1893.

Cher et vénéré Père.

Je n'étais à Chà pin pà, que par *intérim*.
Quoi que vous disiez, j'ai beau me *tâter*, je ne
me trouve pas l'étoffe d'un professeur; depuis
longtemps Virgile et Horace m'ont cessé d'être
familiers et d'ailleurs ils me serviraient peu,
vu qu'ils sont impitoyablement exclus du collège de Chà pìn pà où l'on n'admet pas les
profanes; les Pères de l'Eglise seuls y ont
droit de cité et, malheureusement pour moi,
je n'ai pas été dès l'enfance nourri de leur
moelle. A vous la première faute, cher et vénéré père. Pourquoi ne pas me mener à ces
sources au lieu de me conduire par le *Tityre
tu patulæ* au *sub tegmine fagi* et au *sylves-
trem tenui musam meditaris avena ?* Sans
doute on n'est pas mal à l'ombre des grands
hêtres et au milieu de la *fine avoine*, comme
traduisait quelqu'un de ma connaissance ; et

puis tout cela bien agencé mène à la conquête d'une splendide *peau d'âne*. Mais le malheur c'est que cette pauvre *peau d'âne* est sans valeur en Chine et que le recteur de l'Académie de Châ pin pà refuse de faire honneur à la signature de Son Excellence M. René Goblet, jadis ministre de l'Instruction publique (1). Et voilà pourquoi, après quatre mois d'intérim, j'ai rendu au Père Rogie, professeur agrégé, lui, ses chers théologiens et ses non moins chers rhétoriciens et suis revenu à *mes moutons*. C'était entendu ainsi d'ailleurs et Monseigneur ne m'avait demandé que de tenir un instant la place du Père Rogie malade d'*une exubérance de santé* et d'un *excès d'embonpoint*. Le temps fixé résolu, voyant que la santé se maintenait et que l'embonpoint ne diminuait point, chacun de nous a repris sa vraie place et les choses n'en vont pas plus mal pour cela.

Vous semblez, cher et vénéré Père, désirer pour moi un poste de professeur et croyez que ce serait plus en rapport avec mes aptitudes. Vous pouvez avoir raison et personnellement j'avoue que cette fonction, en Chine, comme ailleurs, a du bon, de l'excellent, de l'attrayant même, à bien des points de vue. Pour moi je ne désire rien et suis prêt à tout accepter : mais, soyez-en bien persuadé, ce n'est pas encore de sitôt que vous me verrez installé définitivement au collège. Grâces à Dieu, je jouis d'une forte santé et n'ai pas trop de difficultés

(1) Au moment où notre missionnaire subissait ses examens.

pour la langue chinoise, deux choses qui. à
moins de circonstances imprévues, me retien-
dront longtemps encore dans la vie de district,
dans le *métier de cantonnier*, comme on dit
vulgairement au Su-Tchuen oriental. Donc en
attendant mieux, pire ou tout aussi bien, je
continue à administrer mon district de Py-
Chàn. Les chrétiens qui le composent ne sont
certes pas tous des saints, sans quoi ils ne seraient ni chinois, ni hommes. Leur curé lui
aussi est loin d'être parfait et consommé. Enfin s'il y a par-ci par-là quelques misères, quelques ennuis, tout s'arrange le mieux possible
et les choses vont leur petit train à la grâce de
Dieu.

*
* *

Depuis mon retour, je n'ai guère quitté l'oratoire et ai profité d'une inaction forcée pour
continuer l'étude des caractères chinois. A présent je puis lire à peu près couramment nos
principaux livres de doctrine. Comme distraction je parcours des romans historiques chinois
qui ressemblent passablement aux épopées,
chansons de gestes et le reste. Cela ne manque
pas d'intérêt et si le fond est peu sérieux, du
moins, c'est un moyen facile et agréable d'apprendre quelques caractères de plus et de se
former aux locutions un peu plus soignées.

Ces jours derniers j'ai fait la visite de la station de l'Oratoire; demain matin, je pars pour
la grande tournée et ne serai guère de retour
avant la Noël. C'est une des raisons pour les-

quelles j'ai tenu à répondre immédiatement à votre bonne lettre: en visite des chrétiens, le catéchisme, les confessions et les affaires à régler prennent à peu près tout le temps et on a généralement peu de loisir pour écrire.

Agréez, cher et vénéré Père, l'assurance de mon profond respect et de mon entier dévouement.

Votre fils en N. S.

LETTRE XXIV

Ubi Crux ! Ibi Patria !

Les âmes ! le Ciel !

A. M. D. G.

Sommaire

Vœux de bonne année. — Dans un nouveau district, Hô paô Tchang, description. — La retraite annuelle. — Voisinage des brigands. — Prions !

Hô paô Tchang, 1er janvier 1894.

Bien cher et vénéré Père,

C'est de mon nouveau poste et au premier jour d'une année nouvelle que je vous écris ces lignes ; quand elles vous parviendront, l'époque consacrée aux souhaits de bonheur sera passée depuis bien longtemps ; mais, vous le savez, cher et vénéré Père, les vœux de celui qui vous doit d'être prêtre et missionnaire du bon Dieu ont devancé cette lettre ; déposés au pied de la crèche, ils sont et seront renouvelés devant Jésus-Hostie qui seul peut les exaucer pleinement. Ici donc, je ne veux que vous dire une fois de plus *Merci* et dans ce *Merci* je veux faire passer tous les sentiments d'une âme éternellement reconnaissante.

*
* *

Puisque me voilà dans un un nouveau poste, il est tout naturel que je vous en dise un mot,

en attendant des renseignements plus complets.
Je suppose que vous avez déjà trouvé la ville
de Yùn-Tchang sur la carte du Su Tchuen
Oriental. Pour être à sa vraie place, elle a besoin d'être rapprochée sensiblement de la grand'
route qui mène à Tcheù toù, puisque cette
route la traverse. Le district de Yùn-Tchang
compte, dit-on, cinq à six cents chrétiens. La
station principale et de beaucoup la plus ancienne est Hò paò tchang. Ce nom est sur la
carte, mais encore ici une erreur géographique
à relever, Hò paò Tchang, je puis vous le dire
en toute certitude, puisque je m'y trouve actuellement, est situé non pas à gauche de la
grand'route, mais bien à droite, à 3o kilomètres environ de la ville de Yùn-Tchang. Cette
station renferme à elle seule plus de trois cents
chrétiens assez groupés; vous voyez que cela
vaut déjà une petite paroisse de France; le reste de mes néophytes est dispersé un peu partout
dans la sous-préfecture. Comme je n'ai pas encore eu le loisir d'entreprendre une visite générale, je ne puis vous donner aujourd'hui de
plus amples détails.

Malgré son ancienneté, le district de Yùn-
Tchang, inférieur en cela à celui de Py-Chàn, ne
possède pas encore d'oratoire. En ville, il y a
une pharmacie, mais elle est malsaine et éloignée
du centre des chrétiens ; aussi, jusqu'à ce jour,
elle n'a guère servi de résidence ; mes prédé-
cesseurs habitaient, la majeure partie du temps,
à Hò-paò-Tchang et, comme eux, j'ai élu domicile chez les chrétiens de cette station qui d'ail-

leurs sont aux petits soins pour le missionnaire. Je passe donc quelques jours chez celui-ci pour aller m'établir ensuite chez celui-là, car chacun tient à honneur de recevoir le Père à tour de rôle.

* * *

Arrivé ici depuis un mois à peine, je me dispose à descendre à Tchong-Kin pour la retraite annuelle qui doit commencer le 13 janvier. C'est un petit voyage de trois ou quatre jours pour aller et autant pour revenir, sans compter que Py-Chàn est sur le passage et qu'il faudra bien au moins dire un petit bonjour à mes premiers chrétiens, sous peine de passer pour un *sans cœur*. Ce soir même m'est arrivée de là-bas une lettre de quatre pages et trois solides porteurs de chaise qui ont ordre de m'emmener, sans accepter aucune excuse. Impossible de faire le récalcitrant. Je laisse donc mon district sous la garde d'un jeune confrère qui apprend la langue ici et vais passer à Py-Chàn la fête de l'Epiphanie. Aussitôt après, je me dirigerai sur Tchong-Kin et la retraite finie, reviendrai au plus tôt pour commencer la visite annuelle de mon district.

* * *

La sous-préfecture de Yùn-Tchàng est limitrophe de celle de Tà-Tsiou à tel point que plusieurs familles chrétiennes de Hò-paò-Tchàng relèvent pour le civil de la seconde de ces sous-préfectures. C'est vous dire que durant ces années de troubles, Hò-paò-Tchàng a eu ses heures d'an-

xiétés, bien plus encore que Py-Chàn. La place
forte où tenaient les bandits est à quarante kilomètres à peine d'ici. A deux ou trois reprises,
ils se sont mis en route pour venir tout mettre
à feu et à sang : le bon Dieu n'a pas permis
qu'ils missent leurs projets à exécution et à
l'heure présente la tranquillité semble à peu
près revenue. Espérons que la bonne Providence nous préservera à l'avenir de tout malheur.

Seul dans un district nouveau, assez étendu,
et qui compte un grand nombre de néophytes,
peu instruits, j'ai bien besoin, cher et vénéré
Père, de vos pieuses intercessions pour faire
quelque bien. Priez donc pour moi et faites
prier ceux qui ne m'ont pas encore oublié.

Agréez l'expression de ma profonde reconnaissance et inaltérable affection.

Votre fils dévoué en N.-S.

LETTRE XXV

Ubi Crux ! Ibi Patria !

Les âmes ! le Ciel !

A. M. D. G.

SOMMAIRE

Préambule. — Les divers avantages de la retraite annuelle. — Le chemin des écoliers : dix mille ans de vie. — Retour; travaux apostoliques; détails de grand intérêt. — Remerciements.

Bien cher et vénéré Père,

C'est de ma *bonne ville de Yùn-Achàng*, où je me trouve depuis une vingtaine de jours déjà, que je vous écris ces lignes, vous me direz peut-être qu'elles se sont fait attendre bien longtemps; mais ne m'en veuillez pas trop; écoutez plutôt le récit de mes pérégrinations et soucis divers depuis le commencement de cette année, et vous concevrez facilement, je pense, que j'ai, sans presque m'en douter, attendu si longtemps à vous écrire :

*
* *

Si mes souvenirs sont fidèles, c'est bien de la fin de décembre qu'est datée ma dernière lettre; elle vous annonçait mon prochain départ pour la retraite. Quelques jours après, en effet, je prenais le chemin de Tchong-Kin, où j'arrivais le 10 janvier, après une courte station à Py-Chan, mon ancien district. A Tchong-Kin, je retrouvais dix et quelques confrères, mes condisciples du Séminaire, pour la plupart. Quant aux anciens, beaucoup avaient reculé devant la longueur du chemin et les intempéries de la saison. Vous dire qu'une retraite en mission est seulement faite pour procurer aux missionnaires la grâce de se recueillir dans le silence et la prière, ne serait pas tout à fait juste. Quand on se trouve dispersés comme nous le sommes sur un espace si vaste et qu'on est parfois obligé de passer de longs jours sans voir aucun de nos confrères, on éprouve un grand besoin de se réunir pour se réconforter mutuellement, délibérer sur les points douteux et prendre une décision uniforme. Cela posé, vous comprendrez facilement que, bien que j'aie passé à Tchong-Kin une dizaine de jours, j'ai eu peu de moments libres et n'ai pu vous adresser les quelques lignes annoncées.

*
* *

La retraite une fois terminée, j'ai fait comme les écoliers en vacances et pris, pour regagner mon poste, le chemin le plus long. Ceci n'est pas précisément à mon honneur, mais il faut bien l'avouer puisque c'est vrai. Ma conscience d'ailleurs était assez en paix, vu que j'avais laissé mon district sous la garde d'un de nos nouveaux confrères, le Père François. Après cela, comment résister aux invitations réitérées de mes ex-collègues de Chàpin-Pà et en particulier du Père Zeller, *ma bonne nourrice!* J'ai donc passé

quelques jours au Collège, puis le Père Pierrès
m'a entraîné jusqu'à Tong-Liang. De là, nous
sommes allés prendre à Py-Chàn le Père Leroy
et tous ensemble nous avons poussé jusqu'à
Uin-Achouà où les PP. Ménier et Marrot
nous attendaient pour célébrer ensemble la
solennité du nouvel an chinois. C'est là certainement la fête civile du Céleste Empire pour
laquelle on déploie le plus de pompe; agricul-
ture, commerce, métiers, tout reste interrompu:
les maisons sont fraîchement décorées de papier
rouge et d'images superstitieuses nouvelles;
partout ce n'est que bruit de pétards et de
canons, et va et vient continuel de visiteurs qui
vont offrir à leurs parents et amis les vœux on
ne peut plus sincères de *dix mille* années de
vie et de bonheur! et cela pendant quinze jours
au moins. Inutile de vous dire que je n'ai pas
attendu ce terme pour regagner mon district:
tempus ludendi, tempus laborandi, dit le proverbe; j'avais consciencieusement dépensé le
premier; il n'était que juste de rentrer au plus
tôt pour employer non moins consciencieusement
le second.

*
* *

Le 14 février j'étais donc de nouveau à mon
poste : les anges gardiens de Yùn-Achàng
avaient fidèlement veillé sur le troupeau que je
leur avais confié pendant mon absence il n'y
avait guère eu d'indisposition sérieuse ; mais par
contre, à peine rentré, ce n'a été pendant quelques jours qu'un feu roulant d'appels aux mala-

10

des. Après quelques courses successives, jugeant
que mes braves Chinois avaient suffisamment
fêté leur cher nouvel an, j'ai entrepris la visite
de mon nouveau district et, comme de juste,
commencé par ma bonne ville de Yùn-Achàng.

Elle est située, je vous l'ai dit, sur la grand'
route de la capitale et par là même ne manque
pas de vie et d'animation. Au point de
vue industriel et commercial, sa spécialité est
l'éventail et la toile de chanvre. C'est vous dire
que si j'ai trop chaud en été, ce ne sera pas
faute de pouvoir me procurer ces deux articles.

Mais laissons le commerce et l'industrie et
parlons plutôt de l'état du christianisme à Yùn-
Achàng. A proprement parler, il n'y a en ville
qu'une centaine de chrétiens ; mais actuellement ce nombre est triplé par la présence des
persécutés de Lang-Choùy-Achén dont une
bonne partie habite ici depuis trois ans déjà.
Cela fait pour le missionnaire du travail de su-
rérogation ; mais ce travail on l'accepte toujours
avec plaisir, puisqu'il est pour la gloire de Dieu
et le bien des âmes.

Arrivé ici le 27 février, je me suis, dès le lendemain, mis à l'œuvre. Plusieurs fois peut-être
déjà je vous ai fait connaître la manière dont on
procède dans ces visite. Mais *si bis repetita
placent*, que doit-ce être quand c'est *ter quater*
et plus ? Bref, voici la chose en deux mots :
le matin les chrétiens viennent entendre la
messe et l'instruction, puis une dizaine d'entre
eux donnent leurs noms ; ce sont ceux qui doivent se confesser ce jour-là. Entendre une di-

zaine de confessions par jour, me direz vous
peut-être, c'est peu de chose.

Je l'avoue, seulement ce n'est pas tout : une
fois leurs noms donnés ces braves gens rentrent,
promptement chez eux, avalent un bol de riz
et reviennent non moins promptement retrouver le curé qui pendant l'espace de deux heures
fait subir à chacun un examen en règle et leur
inculque ainsi peu à peu les notions qui pourraient leur manquer. Telle a été mon occupation pendant ces vingt jours où j'ai entendu
plus de deux cents confessions. La besogne ne
s'est pas faite toute seule, mais il faut dire
qu'elle a été facilitée par la bonne volonté de
mes chrétiens ; ce ne sont pas des docteurs en
théologie, loin de là, mais ils ont, ce qui manque parfois à certains, la *science* de leur peu de
science et ne rougissent pas de venir s'instruire
comme les petits enfants. Chaque jour, en dehors de ceux qui avaient donné leur nom pour
la confession, j'ai eu quelques dizaines d'auditeurs ; cela est d'autant plus notable et plus
consolant que depuis vingt et quelques années,
il n'y avait pas eu à Yûn-Tchàng de missionnaire européen et que pour des raisons que je
n'examine pas, l'interrogation de la doctrine
avait été sensiblement négligée. Puisse le bon
Dieu bénir et faire fructifier au centuple les
semences qu'il a bien voulu jeter sur ce coin
de terre par la main de son indigne serviteur !

Yûn tchang est avec Hò paò tchang le centre
le plus considérable de chrétiens. Demain je
vais à 7 ou 8 kilomètres d'ici visiter une famil-

le chrétienne de dix et quelques personnes. De
là je rentrerai à Hò paò tchang et, une fois la
fète de Pàques passée, viendra le tour des autres stations moins considérables sans doute,
mais par contre assez éloignées et disséminées.

*
* *

A Tchong-Kin, j'ai reçu votre bonne lettre
du 23 octobre et celle du 31 décembre m'est
arrivée aujourd'hui même. J'ai parcouru l'une
et l'autre avec le plus vif intérêt. Merci des vœux
si saints et si complets que vous voulez bien
former pour moi; ils correspondent parfaitement à ceux de mon cœur; ce que je désire
par dessus tout c'est d'être un missionnaire
vraiment digne de ce nom. Mais hélas ! chaque
jour je m'aperçois davantage qu'il ne suffit pas
d'avoir quitté sa patrie et renoncé aux affec-
tions les plus chères pour être un saint. Je
compte sur vos bonnes prières, cher et vénéré
Père, pour devenir *l'operarium inconfusibi-
lem*, le vrai missionnaire selon le cœur de Dieu.

Puisqu'il y a chez vous de bonnes âmes qui
savent prier le bon Dieu, demandez-leur un
souvenir pour mes chrétiens et moi.

Agréez, cher et vénéré père, l'assurance de
ma plus sincère affection et de ma plus vive reconnaissance.

Votre fils en N.-S.

LETTRE XXVI

Ubi Crux! Ibi Patria!

Les âmes ! le Ciel !

A. M. D. G.

SOMMAIRE

Forum chinois. — Description du nouveau district. — Intéressants détails. — Vie apostolique.

Hô paô Tchang, 10 juin 1894.

Cher et vénéré Père,

Je vous ai promis de vous conduire à travers mon district; aujourd'hui je veux tenir ma parole; et pour que vous ne soyez pas complètement dépaysé, j'ai ébauché une carte que je vous envoie. Cette carte n'est pas complète, puisque le territoire de Yùn-Tchang comprend 18 grands marchés ordinairement distants l'un de l'autre d'une trentaine de *ly* (environ 15 kilomètres), mais j'ai cru, pour le moment, inutile de les marquer tous, puisque plusieurs ne renferment pas de chrétientés. Un marché ou forum en Chine, je crois vous l'avoir dit, est une vaste agglomération de plusieurs centaines et souvent d'un ou deux milliers d'habitants. C'est la commune de France ou mieux le chef-lieu de canton ; le territoire qui l'entoure, à 8 où 10 kilomètres à la ronde, relève de ce centre pour toutes les affaires qui peuvent surgir. Il y a là un ou plusieurs sortes de juges de paix, maires et conseillers municipaux, nommés non par le mandarin, mais par les habitants et qui tranchent les questions en litige, moyennant finances bien entendu. Cela dit pour la clarté du sujet, je reviens à la vraie question.

Hô paô tchang est à la fois un des marchés les plus importants de la sous-préfecture et la première station du district. Les chrétiens qui la composent ont pour la plupart embrassé la foi depuis plus de cent ans ; grands et petits doivent très probablement former un total de quatre cents personnes et le chiffre des confessions annuelles s'élève à trois cents environ. C'est au milieu de ces chrétiens que le missionnaire réside la majeure partie de l'année ; jusqu'ici il n'avait pas eu de domicile propre. Grâce à la libéralité de Monseigneur Chouvelon, j'ai pu enfin m'en créer une et depuis quelques jours je puis dire avec la chanson : Me v'la propriétaire ! La maison achetée est située au centre de la chrétienté, dans un vallon planté d'arbres qui la dérobent aux regards indiscrets ; telle quelle est, elle suffit largement comme habitation et avec peu de dépenses, on pourra facilement y aménager un oratoire convenable. Autour il y a quelques champs et une belle orangerie qui assurent un revenu annuel de 120 ligatures (7 à 800 francs). Le tout m'a coûté deux mille deux cents ligatures (11.000 francs). Vous voyez qu'en Chine les propriétés coûtent un peu moins cher qu'en France et surtout rapportent davantage; et encore je dois vous dire que j'ai acheté un peu plus cher parce que le vendeur, un chrétien, s'était mis dans de mauvaises affaires dont j'ai fait mon possible pour le tirer. Lorsque vous recevrez cette lettre je serai probablement entré en possession de ma nouvelle demeure.

Cette acquisition s'imposait pour la complète indépendance du missionnaire et la bonne administration du district. Elle s'est faite plus vite que je n'aurais pu l'espérer. Que le bon Dieu en soit béni.

Continuons notre promenade : de *Hô-pao-tchang* en se dirigeant vers le sud, à 15 kilomètres se trouve *Liang-kia-tchâng* ; il n'y a là qu'une famille chrétienne d'une dizaine de personnes ; je les visite au passage et arrive en ville de *Yun-Tchang* qui compte habituellement une centaine de chrétiens ; mais la présence d'une partie des persécutés de Ta-Tsiou porte actuellement ce nombre à plus du double. En outre, deux familles isolées habitant l'une *Fong-kao-pou*, l'autre *Yun-kin-tchang*, viennent en ville remplir leurs devoirs.

A 15 kilomètres de *Yun-Tchang* dans la direction du sud-ouest se trouve *Chouang-hô-tchang*, station de près de cent chrétiens dont une soixantaine seulement peuvent se confesser. De là je continue ma route par *Chao-tsiou-fang*, *Yun-long-tchàng*, *Tchéou-kin-tchàng*, *Pàn-long-tchàng*, *Jouàn-kiao-sé*, *Où-kià-péou* et rentre à *Hô-pào-tchàng* après avoir fait un circuit de près de deux cents kilomètres. Ces dernières stations n'ont guère chacune que 10, 20, 30 chrétiens, néophytes pour la plupart et peu ins-

truits. Durant la visite, j'ai fait de mon mieux
pour leur donner les connaissances qui leur
manquent. Mais ce n'est pas en quelques jours
qu'on peut arriver à un résultat satisfaisant.
Un moyen plus efficace c'est celui des écoles ;
actuellement il y en a déjà cinq d'installées qui
forment un total de près de 8o élèves. Au mois
de septembre lorsque les travaux des champs
seront un peu moins pressants, je pourrai en
installer encore deux ou trois petites dans les
endroits qui en ont le plus de besoin.

*
* *

Vous voyez, cher père, que j'ai de quoi utiliser mes loisirs ; un total de près de mille chrétiens disséminés sur un espace si vaste voilà
mon partage. Pour le moment, je vise surtout
à compléter l'instruction de ceux qui ont été le
plus délaissés, et ce n'est pas une petite besogne. A mon avis, c'est la plus pressée, car les
chrétiens ignorants ne sont guère jamais de fer-
vents chrétiens. De plus, si on veut disperser
la bonne semence parmi les payens, le moyen
le plus pratique est encore de la leur faire parvenir par ceux avec qui ils sont journellement
en contact.

Mais si le missionnaire sème et arrose, c'est
le bon Dieu et le bon Dieu seul qui peut donner la croissance. Demandez-lui pour moi et
mes œuvres une bénédiction spéciale. Je n'as-
pire pas à recueillir des gerbes pleines : *alius
est qui seminat, alius qui metit*; puissé-je seulement, durant mon passage, sans doute relati-

vement court, ramasser quelques épis et prépa-
rer pour l'avenir une moisson plus abondante.
C'est la grâce que je demande au Sacré-Cœur de
Jésus en ce mois qui lui est consacré.

Merci des nouvelles que vous voulez bien me
donner, sur ma famille ; veuillez leur offrir à
tous mes meilleurs sentiments.

Agréez, cher et vénéré père, l'assurance de
mon profond respect et de mon entier dévouement.

Votre fils reconnaissant en N.-S.

LETTRE XXVII

Ubi Crux ! Ibi Patria!

Les âmes ! Le Ciel !

A. M. D. G.

Sommaire

Longue tournée. — Comment faire apprendre le catéchisme. — Joie du missionnaire. — Echo de la guerre entre le Japon et la Chine. — Vœux de nouvel an.

Hô paò Tchang. 13 décembre 1894.

Cher et vénéré père,

Je rentre de ma longue tournée à travers mon district ; elle a duré près de deux mois ; c'est raisonnable n'est-ce pas ? Une fois de plus j'ai parcouru, mais en sens inverse la route suivie déjà au commencement de l'année : environ quatre cents confessions (sans compter Hô-pao-tchàng), une vingtaine de premières communions, quatre ou cinq conversions de payens, quelques retours de chrétiens tièdes et négligeants, tel est le bilan de cette seconde visite. C'est peu de chose sans doute, mais outre que la Chine ne semble pas encore prête pour les conversions en masse, mieux vaut aller lentement et sûrement que trop vite. Les écoles que j'avais instituées au début de l'année ont produit quelques fruits déjà ; la prédication et l'interrogation quotidienne de la doctrine durant la visite semblent avoir secoué un peu la torpeur de mes bons Chinois qui depuis bien long-

temps, je crois, n'avaient guère feuilleté leur
catéchisme. Grands et petits s'y remettent maintenant et pour cause, car ils savent que le Père,
assez conciliant pour bien d'autres points, devient impitoyable quand il s'agit de la doctrine
et que l'ignorance n'a d'autre excuse que la pa-
resse. C'est ce qui fait que, dans la seule station de la ville, cinq ou six grands garçons d'une
vingtaine d'années qui jusqu'ici, paraît-il, n'a-
vaient jamais eu le loisir d'ouvrir un catéchisme,
ont trouvé moyen cette fois de l'apprendre en
quelques mois et cela sans interrompre nullement leurs travaux quotidiens. Comment cela
s'est-il fait ? Par un procédé bien simple mais
auquel ils n'avaient jamais songé, en vrais Chinois qu'ils sont : Quant on leur présentait un
catéchisme, leur première parole était celle-ci :
« Tant de pages que cela ! Mais c'est impossible d'en étudier si long ! » « Mes *gas*, leur-dis-
je, est-ce que vous finissez en un seul jour l'ouvrage que vous fixent vos parents ? Non n'est-
ce pas ?

Eh ! bien, il en est de même pour ce
catéchisme que je vous donne à apprendre ; il
a cent quatre pages, ni plus ni moins ; l'année
compte 52 dimanches, sans parler des fêtes ;
deux pages à étudier par dimanche et dans un
an tout sera dit; en doublant la dose, six mois
suffiront pour avaler le morceau ! A l'œuvre
donc et gare aux paresseux ! » Le procédé a
réussi et il faut espérer qu'il réussira encore.
Pour le moment, ce qu'il nous faut ce sont des
chrétiens le plus instruits possible, sans quoi

il est difficile de les maintenir dans le devoir et encore plus difficile de convertir des payens; ces derniers, en effet, recevront plus volontiers la bonne nouvelle d'un ami, d'un voisin, que de nous, étrangers, pour qui ils ont une sorte d'aversion naturelle.

De ma visite, je suis revenu légèrement fatigué, sans doute, mais le cœur content et votre bonne lettre du 20 septembre, chaud rayon du beau soleil de France, a mis le comble à ma joie.

*
**

Les journaux doivent vous tenir au courant des incidents de la guerre sinico-japonaise (1) et très probablement vous êtes beaucoup mieux renseigné que moi, car ici il est assez difficile d'avoir des détails précis et surtout exacts. Il semble certain toutefois que les Chinois reçoivent une rossée en règle, mais plutôt que de l'avouer franchement ils cherchent des prétextes pour pallier leur défaite trop patente et disent que la Russie et l'Amérique prêtent main-forte au Japon. Cela se comprend, il en coûte de reconnaître qu'un grand royaume de 4 ou 5oo millions d'habitants ne peut pas tenir tête à un pays à peine aussi grand que la province du Su-Tchuen. Pour moi, je n'aime pas plus les Japonais que les Chinois, car, au fond, ils ne sont pas plus aimables les uns que les autres (au point de vue naturel, bien entendu), mais que les *Célestes* reçoivent un bon coup *d'étrille,*

(1) Guerre qui se termina par la victoire du Japon.

Ils ne l'ont pas volé et ce n'est que le juste châ-
timent de leur sot orgueil et de leur dédain
pour tout ce qui n'est pas chinois. Dans le public on jase beaucoup, à tort et à travers, cela
va sans dire; un vieux livre de prophéties,
claires seulement *post eventum*, est revenu sur
le tapis et chacun de le commenter à sa guise
et fantaisie. L'avis général est que c'en est fait
de la dynastie actuelle qui, vous le savez, n'est
pas chinoise mais Tartare et a duré déjà plus
de deux cents ans. Il est probable qu'avant
d'arriver à un dénouement si tragique, l'Europe aura imposé sa médiation et ramené la paix,
ce qui n'empêchera pas les Chinois de jeter la
pierre à ces *diables d'Occident*. On parle déjà
d'intervention prochaine proposée par l'Angleter-
re aux autres puissances. Bref, quoi qu'il en soit
de la conclusion, notre situation n'en sera pas
probablement beaucoup modifiée. Les Japonais ne peuvent guère songer à mettre la main
sur la Chine, et le feraient-ils, gagnerions-nous
beaucoup à changer de maîtres? Il est permis
d'en douter. Mais n'augurons pas trop de l'avenir. Qui vivra verra.

*
* *

Quelques jours à peine nous séparent de la
fête de Noël. Je déposerai aux pieds du petit
Jésus mes vœux de bonne année pour vous et
tous ceux qui me sont chers, et je suis persuadé qu'ils vous arriveront plus tôt que cette lettre
Peu après la Noël je descendrai probablement à Tchong-Kin pour la retraite annuelle

mais je ne suis pas encore complètement décidé. Sans doute la perspective de revoir mes confrères et de me retremper à leur contact m'attire, mais quatre jours de route en plein mois de janvier ne sont pas sans me donner quelques hésitations. Et puis maintenant que le P. Faucon m'a quitté, moi-même une fois parti, mon district est bien seul. Enfin on verra peu à peu.

Veuillez offrir mes sentiments les plus affectueux à mes parents. Je leur écrirai de la retraite si j'y vais et d'ici, si je reste, en tout cas sous peu.

Agréez, cher et vénéré Père, l'assurance de mon profond respect et de mon entière reconnaissance.

Votre fils en N.-S.

LETTRE XXVIII

Ubi Crux! Ibi Patria!

Les âmes! le Ciel!

A. M. D. G.

SOMMAIRE

Causes de retard. — Encore la guerre : Inté-
ressantes considérations. — Un livre de pro-
phéties. — De nouveau les brigands. — Sur-
croît de travaux,

Yûn-Tchang, 9 mars 1895.

Bien cher et vénéré Père,

A cette heure, vous devez vous dire, sans
doute, que les Japonais ont mis l'embargo sur
ma correspondance; il n'en est rien pourtant
et n'en sera rien, je l'espère, car Chang-Hay
n'est pas encore bloqué, du moins que je sache;
seulement, avec les années, je deviens de plus
en plus *Chinois*, c'est-à-dire de moins en moins
pressé. C'est ce qui vous explique pourquoi
votre bonne lettre du 15 novembre est restée
jusqu'à ce jour sans réponse. Elle m'est arrivée au mois de janvier à Tchong-Kin où je
me trouvais pour la retraite. Rentré à Hò paò
tchang le 1er février, je me proposais d'y répondre sans retard, mais en compagnie d'un
jeune confrère, le P. Fleury, venu à Hò paò
tchang pour apprendre la langue, j'ai vite oublié mes bonnes résolutions.

Bien que je sois un peu coutumier du fait, j'espère que vous ne m'en tiendrez pas trop rigueur. Cela dit, *paulo majora canamus*, et puisque nous sommes en temps de guerre, commençons par la guerre.

*
* *

Les feuilles publiques ont dû vous édifier suffisamment au sujet de la vaillance des Chinois. C'est un fait incontestable et incontesté : le Chinois est brave, très brave, toutes les fois qu'il a affaire à des gens inoffensifs et désarmés ; mettez-le en face d'un adversaire sérieux, oh ! alors, son premier mouvement est de songer à sa sûreté personnelle : si tu avances, je recule ; si tu recules, j'avance, voilà une devise qu'on pourrait écrire à bon droit sur les drapeaux de l'armée chinoise. Les Japonnais ont avancé, lentement sans doute, mais comme des gens qui songent à garder le pays qu'ils conquièrent et naturellement les Chinois ont reculé, quelques fois même un peu vite toutefois pour éviter les projectiles des armes à longue portée ; ils ont reculé de Corée en Mandchourie, de Manchourie derrière la grande muraille. C'est là qu'ils se sont retranchés, dit-on, pour tenter un dernier et suprême effort. Seront-ils plus heureux cette fois ? Il est permis d'en douter. La grande muraille est bien peu de chose avec les armes modernes, et puis les Japonnais arrivent de tous les côtés à la fois. Les dernières dépêches annoncent la prise simultanée d'un port de Chan-tong et de Chén-kin ou

Moukden capitale du Liào-tong, berceau des empereurs de la dynastie actuelle. Les Chinois ont bien envoyé des plénipotentiaires au Japon, mais les pouvoirs de ces plénipotentiaires se sont trouvés annulés par une clause réservant contrôle et ratification à la cour de Pékin. Quant aux Japonnais, ils répètent à qui veut les entendre ne vouloir faire la paix qu'après la prise de la capitale du Céleste Empire.

Comment se terminera ce conflit ? Si les puissances européennes n'interviennent pas d'une manière plus active que par le passé, les Japonnais tiendront parole et iront à Pékin : une fois là il est difficile de dire où s'arrêteront leurs prétentions ; sans nul doute, la Corée, la Mandchourie ne leur suffiront plus ; il leur faudra peut-être quelque chose de mieux et on traitera avec eux plus difficilement qu'on n'a traité jadis avec les Français et les Anglais (1). Il pourrait bien se faire que la dynastie actuelle y perde son trône. Au fond personne n'aurait le droit de le trouver mauvais, pas plus les *Célestes* que les autres. L'empereur de Chine n'est pas plus Chinois en effet que vous et moi; le droit de conquête a placé jadis ses ancêtres sur le trône, il y a de cela un peu plus de deux cents ans ; depuis lors tous les empereurs ont été des Mandchoux *pur sang*, car l'impératrice ne peut jamais être une chinoise : le même droit de conquête lui enlèverait sa couronne. Qu'aurait-on à dire à cela.

____

(1) Après l'expédition de 1860.

*
* *

Je vous ai déjà parlé sans doute d'un livre de prophéties chinoises qui semble annoncer la fin de la dynastie avec l'empereur actuel. Ce livre est fort commenté dans le public et au fond il semble que si les Japonnais songeaient à devenir les maîtres de la Chine, ils trouveraient moins de résistance et de répugnances que jadis n'en ont trouvé les Mandchoux. Pour nous il est très certain que nous ne pourrions que gagner.

Mais ne faisons pas trop de suppositions : le bon Dieu fait payer cher à la Chine son orgueil et son intolérance pour tout ce qui n'est pas Chinois. Il saura, l'heure venue, faire tourner toutes choses à sa gloire et au bien de son Eglise.

Grâce à l'éloignement, les péripéties de la guerre sinico-japonnaise n'ont amené aucune complication dans la mission du Su-Tchuen ; les choses ont marché leur train ordinaire et tout fait espérer qu'il en sera encore ainsi à l'avenir.

*
* *

Mais si nous sommes tranquilles de ce côté, les brigands de Ta-Tsiou ne sont pas encore rentrés dans l'ordre ; leur bande, à l'époque du nouvel an, s'est grossie de nouveaux adhérents ; au mois de janvier ils ont failli mettre la main sur un prêtre Chinois, qui visite le district ; peu de jours après, un chrétien tombé en leur pouvoir n'a recouvré sa liberté qu'en payant une forte rançon. Ils ont aussi poussé plusieurs visites domiciliaires à des familles

chrétiennes situées dans leurs parages. Comme
les chrétiens ont presque tous émigré, c'est surtout sur les payens que s'exercent leurs exactions. Il ne se passe guère de mois sans qu'on
entende parler de pillages ou concussions. Certains se laissent faire sans opposer de résistance;
d'autres moins patients ont réuni des hommes
et répondent à la violence par la violence. Durant ces deux ou trois mois il s'est livré maintes
batailles, mais sans grand résultat. Et dire qu'il
ne faudrait qu'un bon bataillon de soldats
pour purger le pays de ces bandits qui le rui-
nent. Mais non, les mandarins chinois sont
au fond trop heureux de voir les chrétiens bannis de leurs foyers, pour se hâter de mettre fin
à cet état de choses. Ils temporiseront le plus
possible et n'agiront que quand il n'y aura plus
moyen de faire autrement.

Mon district, malgré cet incommode voisinage, a pu conserver sa tranquillité ; chrétiens
et payens vivent en assez bonne harmonie et je
puis vaquer sans le moindre encombre aux
soins du ministère apostolique. J'ai assez à faire,
car à mon troupeau proprement dit s'ajoute une
partie de celui que la persécution de Ta-tsiou a
dispersé ; grâces à Dieu, ma santé se maintient
toujours excellente.

Priez toujours bien pour moi, cher et vénéré
Père, et écrivez moi le plus souvent possible,
vos lettres ne me font pas seulement plaisir,
elles me font du bien.

En union de prières, je demeure toujours
votre fils dévoué en N.-S.

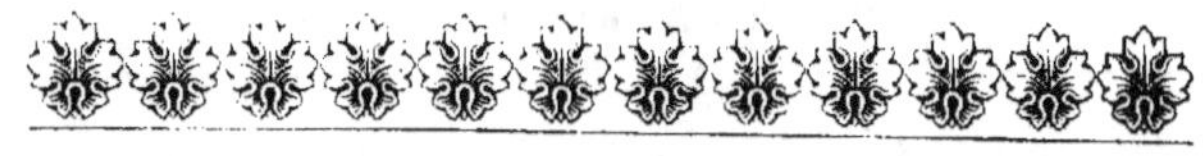

LETTRE XXIX (1)

Ubi Crux, Ibi Patria !

Les âmes ! Le Ciel !

A. M. D. G.

SOMMAIRE

Lenteur de la poste chinoise. — Difficultés de l'apostolat. — Toujours la guerre de la Chine avec le Japon. — Craintes pour l'avenir : prévision de la révolte survenue quatre ans plus tard. — Joies et peines du missionnaire.

Yün Tchàng Thien, 19 avril 1895.

Bien cher et vénéré Père,

Vos vœux de bonne année me sont arrivés tout juste pour Pâques et j'aurais mauvaise grâce à les trouver tardifs, car étant données la rapidité et la régularité des postes chinoises, ils auraient bien pu se faire attendre jusqu'à la Trinité. Bref, je les ai reçus et vous remercie du fond du cœur de tous les bons souhaits que vous formez pour moi. Puisse notre Seigneur les exaucer et me faire la grâce d'être toujours un missionnaire selon son cœur. C'est la seule grâce que je lui demande. Voilà quatre ans que je fais de mon mieux pour défricher les divers coins de terre successivement confiés à mes soins et si je ne regardais qu'aux fruits sensibles et apparents, il est certain que je me découragerais vite ; cette pauvre Chine, à l'heure actuelle est bien un des pays les plus rebelles à

---

(1) Nous n'avons que deux lettres de l'année 1895. Les autres — et nous le regrettons — n'ont pas été assez soigneusement conservées.

la voix de la grâce ; les conversions y sont
certes plus rares que les épis dans un champ
où les moissonneurs ont déjà passé ; nous ne
sommes que de bien pauvres glaneurs ; mais à
la grâce de Dieu, c'est pour faire sa sainte volonté et non la nôtre qu'il nous a appelés en
Chine.

La guerre avec le Japon continue toujours et
la sécurité publique est loin d'y gagner ; une
foule de mauvais sujets profitent des embarras
du gouvernement pour pêcher en eau trouble ;
de tous côtés il n'est bruit que de pillages à
main armée, accomplis par ces voleurs de
grands et petits chemins. Suivant leur habitude,
les mandarins locaux ne s'en préoccupent pas
outre mesure, de telle sorte que tout cela pourrait bien aboutir avec le temps à une rébellion
pure et simple (2). Cela s'est déjà vu et dans un
temps où la Chine était moins travaillée qu'aujourd'hui par les sociétés secrètes.

Mon district, toutefois, est relativement tranquille et je prends pour lui garder cette paix,
tous les moyens surnaturels et naturels. Mais
pas plus que mes voisins je ne suis sûr du lendemain. A la grâce de Dieu !... Durant le ca-
rême j'ai pu faire la visite de la majeure partie
des stations éloignées ; puis, après avoir passé
le dimanche des Rameaux à *Hô-Pào Tchàng* et
entendu la majeure partie des confessions pas-
cales, je me suis rendu en ville pour la fête de

____

(2) C'est ce qui est arrivé quatre ans plus tard.

la Résurrection ; ce n'était que justice, car depuis plus de vingt ans, ma bonne cité de *Yùn Tchàng* n'avait pas eu les honneurs d'une fête solennelle. *Hò Pào Tchàng*, d'ailleurs, n'a nullement été privé, grâce à la présence du père Fleury qui apprend la langue. Ici j'ai eu plus de cent trente confessions, bien que la visite n'eût été faite que depuis un mois à peine. La bonne volonté de mes chrétiens et leur régularité à s'approcher des sacrements me console un peu de l'indifférence de tant de païens, mais ne m'empêche pas de soupirer après une ère meilleure. Ah ! si nous avions seulement autant de liberté que nos confrères du Japon et leurs chrétiens, comme nous irions autrement vite ! J'ai parlé tout à l'heure de l'indifférence des païens ; le mot n'est pas tout à fait juste ; beaucoup ne se font pas chrétiens, uniquement parce qu'ils ont peur de perdre les biens terrestres auxquels ils tiennent presque autant qu'à leur vie. Que la Chine marche sur les traces du Japon et dans peu de temps le nombre des néophytes aura doublé. Mais verrons-nous seulement l'aurore de ce beau jour ? C'est tout au moins douteux.

Ly Hong Tchàng, l'un des hommes les plus en vue en Chine et qui, à cause de cela, compte autant d'envieux que d'admirateurs, a été d'abord privé de tous ses honneurs et fonctions ; cela se comprend : l'orgueil chinois mortifié réclamait un bouc émissaire ; puis la situation ne s'améliorant pas, on l'a de nouveau réintégré dans ces mêmes honneurs et fonctions en le priant d'aller porter les propositions de paix. *Ly Hong Tchàng* s'est d'abord fait prier puis a accepté ; mais ses pouvoirs, dit-on, très clairs et très complets dans le texte anglais ne le sont guère dans le texte chinois ; encore une petite fourberie familière aux *Célestiaux* qui, lorsqu'ils sont forcés à s'engager dans une voie quelconque aiment toujours à garder une issue ; cette fois ils ont affaire à des orientaux qui les connaissent et les valent. Il est donc bien douteux que les Japonais se laissent prendre au panneau.

Priez le bon Dieu, cher et vénéré père, de nous ramener au plus tôt la paix sans laquelle notre œuvre est de plus en plus difficile, et croyez toujours à ma vive reconnaissance et entier dévouement.

Votre fils en N.-S.

✳✳✳ ✳✳✳ ✳✳✳ ✳✳✳ ✳✳✳ ✳✳✳ ✳✳✳ ✳✳

LETTRE XXX

Ubi Crux, Ibi Patria !

Les âmes ! Le Ciel !

A. M. D. G.

SOMMAIRE

La Procure de la mission. — Travaux divers. —
Une commission d'explorateurs. — Patrio-
tiques sentiments. — Fin de la guerre
chino-japonaise, tranquillité relative. —
Choses de France ; un mot sur la loi dite
d'abonnement, au sujet des congrégations.

Tchoug-Kin, 25 janvier 1896. (1)

Bien cher et vénéré Père,

Jamais peut-être je n'avais été aussi en retard
avec vous que cette fois et il faut avouer que,
pour un homme de bureau, je ne me pique guère
d'exactitude. Mais que voulez-vous, c'est précisément dans mes nouvelles fonctions que se
trouve la principale cause de ce retard. Aux occupations ordinaires sont venues s'en joindre
d'autres : ça été d'abord l'arrivée des nouveaux
confrères au nombre de dix ; il a fallu s'occuper
de tout ce monde, fournir à chacun des objets nécessaires pour continuer son voyage, puis diriger ceux-ci sur le Kouy-Tchéou, ceux-là sur les
Su-Tchuen Occidental et Méridional, d'autres
enfin sur le Thibet. Et ce n'est pas tout, ou plutôt ce n'est là que la partie la plus facile de la

____

(1) Le P. Serre venait d'être chargé de la procure de la mission.

besogne, car au moins les hommes parlent et se remuent. Mais avec eux arrivent une foule de caisses aux destinations les plus diverses dont il faut contrôler avec soin les numéros, sous peine d'envoyer au fond du Yun-Nan ce qui devrait aller à Tchen-Tou. Bref, c'est là un travail fort long et des moins intéressants par lui-même ; jugez ce qu'il devient lorsqu'il incombe à un procureur novice et qui n'a personne pour l'aider.

Les nouveaux confrères partis et les caisses expédiées, j'aurais volontiers respiré un instant. La retraite annuelle fixée à l'Epiphanie ne m'en a guère laissé le loisir et m'a valu un surcroît de fatigues et d'occupations l'espace de quinze jours.

*
* *

Enfin me voilà rendu à mon train de vie ordinaire, mais pour combien de temps ? A peine pour quelques jours peut-être. Une dépêche de M. Rocher, ex-consul de France au Yun-Nan, m'annonçait, à la mi-décembre, qu'une commission lyonnaise d'exploration et de commerce, composée d'une douzaine de membres, arriverait à Tchong-Kin dans le mois de février. Il est probable que le séjour de ces Messieurs ici sera assez long, vu qu'ils ont l'intention de prendre notre ville comme le centre d'où ils rayonneront dans les pays d'alentour. Naturellement, comme Français et missionnaires, nous serons heureux de pouvoir leur rendre tous les services qui seront en notre pouvoir.

*
* *

Vous voyez par là, cher et vénéré Père, que la France se remue enfin et fait de son mieux pour n'être pas trop novice dans les pays sur lesquels elle jetterait volontiers son dévolu, au cas où le vaste corps du Céleste-Empire serait démembré.

La venue de la mission lyonnaise est déjà une bonne chose. Ce qui est mieux encore, du moins au même point de vue, car il y a différentes manières de juger la question, c'est la fondation définitive d'un consulat français à Tchong-Kin. M. Haas, naguère consul à Han-Keou, était déjà venu ici pour étudier la question. De retour en France, il a pressé le gouvernement qui a enfin accédé à ses instances. M. Haas a donc le titre de consul et est chargé en outre de diverses missions dans l'intérieur de la province ; il aura un chancelier pour gérer les affaires durant son absence et un chirurgien de 1re classe aux appointements de 10.000 fr. par an, à condition qu'on fondera un hôpital à Tchong-Kin. La fondation de cet hôpital répond à nos secrets désirs; elle est nécessaire pour contrebalancer l'action des protestants et ne sera différée que faute d'un médecin français. La décision que vient de prendre le gouvernement nous permettra, je l'espère, de réaliser ce plan à bref délai.

*
* *

A présent, les bruits de guerre et de persécution semblent calmés et la paix est revenue. Les Japonais, vainqueurs de la Chine, se répandent dans les divers ports ouverts à leur commerce par le dernier traité. Tchong-Kin est de ce nombre et naturellement a déjà été visité. Quatre ou cinq Japonais ont parcouru toute la ville en

costume européen et les Chinois qui avaient juré
de les assommer se sont tenus coi. C'est d'ailleurs ce qu'ils avaient de mieux à faire. Leur
consul est déjà arrivé à Y-Tchang et sera ici dans
un mois. Vous voyez une fois de plus que la
France n'a pas de temps à perdre si elle tient à
ne pas arriver la dernière.

Dans les Su-Tchuen occidental et méridional,
grâce à l'énergie de M. Gérard, les oratoires
commencent à se relever de leurs ruines. Mais
les Chinois, un instant mis à la raison, ne nous
aiment pas davantage pour cela. Au contraire,
ils nous détestent plus *cordialement* que jamais.
Toutefois, il faut le dire, nous avons fait un
grand pas et la diplomatie française a repris en
Chine le premier rang. Puisse le bon Dieu continuer à nous protéger et surtout déverser dans
le cœur des Chinois quelques gouttes de sa sainte
grâce sans laquelle les efforts des hommes les
plus habiles et les mieux intentionnés demeurent stériles.

*
* *

Mais revenons un peu à la France. Dans votre
dernière lettre, vous me parliez de la loi d'abonnement et des congrégations qui ont cru devoir
se soumettre. Au nombre de ces congrégations
est dit-on, la Société des Missions étrangères,
ou, pour parler plus exactement, le Séminaire
de Paris qui, aux yeux de la loi, représente la
Société. J'avais d'abord l'intention de passer sous
silence ce point délicat. Mais, réflexion faite,
puisqu'il s'agit de confidences intimes, je crois
qu'il n'y a pas grand inconvénient d'en toucher

un mot. D'ailleurs, je ne donnerai pas mon opinion que personne ne me demande, mais je me contenterai de vous résumer en quelques mots ce que j'ai entendu ou lu. Tous les confrères qui ont assisté à la retraite ont été unanimes pour traiter de *capitulards* Messieurs les Directeurs de Paris. C'est aussi le mot que j'ai trouvé dans bon nombre de lettres venues soit de notre Mission, soit des Missions voisines. C'est vous dire que le sentiment de MM. les Directeurs n'est assurément pas celui de tous les membres de la Société. Il faut avouer cependant qu'ils sont mieux à même que les missionnaires de juger ce qui est opportun : et puis, avant de prendre une décision si grave, ils ont dû réfléchir, prier, consulter. C'est ce que je me suis dit bien des fois en moi-même, et si je ne vous donne pas mon opinion, c'est que je n'en ai pas de bien arrêtée et au fond je suis heureux de n'être pas à la place de ceux qui ont été appelés à se prononcer... D'ailleurs, la chose semble faite maintenant. Pour ce qui est de l'avenir, à la grâce de Dieu.

Je clos enfin cette lettre passablement longue en vous souhaitant, un peu tard, il est vrai, la meilleure des années. Un affectueux bonjour, s. v. p., à mes parents et aux amis.

Votre fils dévoué et reconnaissant en N.-S.

LETTRE XXXI

Ubi Crux, Ibi Patria !

Les âmes ! Le Ciel !

A. M. D. G.

SOMMAIRE

*Travaux divers à la Procure. — Les messieurs
de la mission d'explorateurs. — Pourquoi
peu de succès. — État des esprits ; amélio-
rations diverses.*

Tchong-Kin, 26 mai 1896.

Bien cher et vénéré Père,

Dans ma dernière lettre, je vous annonçais, je
crois, que j'allais prendre mes vacances de Pâques ; il va sans dire qu'elles n'ont pas duré
jusqu'à ce jour et que, depuis fort longtemps,
je suis rentré à mon poste. Naturellement, j'y ai
trouvé un gros paquet de lettres, attendant de
multiples réponses. Cette première besogne une
fois expédiée, nos prêtres indigènes sont arrivés
pour leur retraite qui, chaque année, commence
le second dimanche après Pâques. Ces messieurs n'étaient pas encore tous repartis que déjà
le mois de mai venait, me répétant la phrase
traditionnelle : *Redde rationem villicationis tuæ.*
Car, il faut vous dire que, chaque année, à pareille époque, le procureur doit présenter à chacun son bilan. J'ai donc dû mettre en ordre les
comptes généraux de la Mission, ceux de chaque
confrère et des Missions voisines. A chaque in-
téressé il a fallu présenter une copie de ses re-
cettes et dépenses. J'ai donc passé une quinzaine

de jours dans les chiffres, les additions et les soustractions et, quand je suis sorti de là, j'en avais la tête tellement cassée que, volontiers, j'aurais réédité mes vacances de Pâques. Mais, il n'est pas fête tous les jours, et j'attendrai long-temps, je crois, cette seconde édition. Monsei-gneur vient de partir pour sa tournée pastorale qui se prolongera, sans doute, jusqu'au mois de septembre ; seul ici jusque-là avec le bon P. Blettery qui compte soixante-douze ans bien sonnés, je ne puis même pas avoir la velléité de prendre la clef des champs.

*
* *

Mais, du moins, je puis respirer plus à mon aise et prendre de nouvelles forces pour les tra-vaux à venir ; entre temps aussi m'arrivent d'a-gréables distractions, par exemple la visite de ces Messieurs de la Mission lyonnaise ; ces jeu-nes gens ont une tenue parfaite, sont animés de très bons sentiments et le dimanche ne man-quent jamais de venir assister à la messe. Leur chef seulement s'est toujours dispensé de donner ce bon exemple à nos chrétiens, et pour cause, vu qu'il est protestant et même passablement *huguenot*. C'est un homme qu'on avait choisi à cause du long séjour qu'il avait fait en Chine comme consul de France ; en un mot, il sem-blait avoir tout ce qu'il faut pour remplir une mission de ce genre ; mais, s'il faut en croire ses compagnons de route, et aussi ce que nous avons pu voir et entendre, il est loin d'avoir réussi. D'abord, au lieu de rehausser ces mes-sieurs et leur donner de la considération aux

yeux des Chinois, il a fait de son mieux pour
qu'on les prenne pour des gens de sa suite et
de basse qualité, les faisant voyager sur de mauvais chevaux ou dans des chaises pires encore.
Ensuite, après avoir parcouru à la vapeur le
Yun-Nan, le Kouy-Tcheou et le haut Se-Tchuen,
ils sont venus s'immobiliser à Tchong-Kin. Une
fois là, défense de sortir pour étudier les productions et le commerce du pays. La raison
donnée était qu'il y avait du danger à circuler
dans la province. Quoi qu'il en soit de la valeur
de cette raison, une chose bien certaine c'est
que les membres de la Mission lyonnaise, enfermés à Tchong-Kin où ils manquent même
d'interprètes, ne peuvent avoir que des renseignements de seconde main fort souvent incom-
plets et se trouvent par là même dans l'impossibilité de remplir consciencieusement leurs
instructions. Sans doute, de vive voix et par
lettres ils mettent largement à contribution la
bonne volonté et l'expérience des missionnaires,
mais n'importe, cela ne vaut pas une étude faite
sur place.

A l'heure actuelle, leur chef, fatigué du
voyage, a jugé prudent de reprendre le chemin
de la France et son départ n'a pas peu satisfait
ses compagnons de route ; mais la défense de
sortir persiste toujours et le nouveau chef n'o-
sera certainement pas prendre sur lui de l'en-
freindre, de peur d'encourir le blâme des cham-
bres de commerce.

En somme, la Mission lyonnaise, autour de
laquelle on a fait beaucoup de bruit, n'aura que

des résultats fort pauvres pour ne pas dire davantage. Une branche d'études surtout, celle des mines de fer et de charbon, avait une importance capitale et pour avoir sur ce point des renseignements sérieux, on avait adjoint à la mission un ingénieur jeune encore, mais d'une valeur et d'une capacité peu ordinaires. Or, soit dans le Yun-Nan, soit au Se-Tchouan, cet ingénieur n'a même pas pu visiter une seule mine, toujours grâce au même mauvais vouloir.

Bref, nos bons amis les Anglais, qui, tout d'abord, avaient semblé se piquer d'émulation, en voyant la France envoyer une mission si nombreuse, doivent bien rire à présent de l'inhabileté avec laquelle les choses ont été menées et, ma foi, il y a de quoi.

*
* *

Mais, trêve de médisances ; les Japonais, eux aussi, sont à Tchong-Kin et en train de s'établir solidement ; leur consul général à Chang-Kay, venu ici quelque temps avant Pâques, avait déjà obtenu une concession sur la rive opposée du grand fleuve ; maintenant, le consul titulaire de Tchong-Kin vient d'arriver et, sans doute, industriels et négociants ne se feront pas longtemps attendre.

Ce concours extraordinaire d'étrangers semble avoir amélioré l'esprit des habitants de notre bonne ville ; si, au fond du cœur, ils ne nous aiment pas plus qu'autrefois, du moins leur tenue est meilleure ; à présent nous pouvons circuler dans les rues sans qu'on nous suive comme des bêtes curieuses. Espérons enfin que cette pauvre Chine finira par entrer dans la voie du progrès.

Le chemin de fer de Pékin à Canton est décidé et l'empereur a chargé sir Robert Hart, directeur général des Douanes, de fonder une poste internationale, sur le modèle des postes européennes. Ce sera là une heureuse innovation dont nous bénéficierons tout les premiers.

Veuillez exprimer mes meilleurs sentiments à tous les parents et amis et me croire, cher et vénéré Père,

Votre fils dévoué en N.-S.

LETTRE XXXII

Ubi Crux ! Ibi Patria !

Les âmes ! Le Ciel !

A. M. D. G.

SOMMAIRE

Simple billet de renseignements donnés avec humour.

Tchong-Kin, 30 juillet 1896.

Bien cher et vénéré Père,

Voilà que la poste chinoise, généralement peu accélérée, s'avise de redoubler encore de lenteur et de mettre quarante et quelques jours pour venir de Chang-Hay à Tchong-Kin. C'est ce qui fait que votre bonne lettre du 12 mai m'arrive seulement. J'y réponds de suite pour ne pas accumuler retard sur retard. Mais vous m'excuserez d'être un peu plus bref que de coutume; nous sommes en pleine canicule et bien que l'horloge marque à peine 10 heures du matin, le thermomètre de mon bureau donne 32° centigrade. Que sera-ce dans l'après-midi ! Cette température, fatigante partout, l'est spécialement à Tchong-Kin où l'on respire un air lourd et chargé de miasmes. Aussi ce qu'on en sue de chemises ! Et encore il faut dire que notre costume d'été est fort léger et ne comprend tout juste que l'essentiel. S'il fallait porter avec ça une vraie soutane, ce serait à donner sa démission.

Bon, voilà deux pages remplies par la *chaleur;* tâchons de profiter de ce qui me reste de papier pour vous donner quelques nouvelles. Elles sont peu nombreuses d'ailleurs.

Pour ce qui est de notre Mission, rien de bien saillant ; Monseigneur, après sa visite pastorale, est allé passer l'été dans l'un des collèges de la Mission où. paraît-il, il y fait autrement frais qu'à Tchong-Kin. J'espère bien qu'à son retour il me renverra à mes moutons et certes il aurait mauvaise grâce à ne pas le faire vu que mon année d'intérim touche à sa fin.

Au dehors, les mandarins nous laissent tranquilles, mais en revanche ils font leur possible pour mettre des bâtons dans les roues aux négociants européens qui viennent dans ces parages. Deux de nos compatriotes s'étaient associés à des Chinois pour exploiter les pétroles de la province. Les Chinois ont été mis en prison et le vice-roi voudrait bien se débarrasser de nos Français ; mais ceux-ci, pièces en main, tiennent bon et il est probable que l'affaire ira à Pékin.

Allons, cher et vénéré Père, je vous souhaite une verte vieillesse et beaucoup de consolations. Vos chers morts ont une place à côté des miens. — Affectueux bonjour à tous les parents et amis.

Votre fils en N.-S.

LETTRE XXXIII

Ubi Crux! Ibi Patria!

Les âmes! le Ciel!

A. M. D. G.

Sommaire

*Encore en procure : au bon plaisir de Dieu! —
Mauvais vouloir et ingratitude des Chinois;
un trait à ce sujet.*

Tchong-Kin, 27 novembre 1896.

Bien cher et vénéré Père,

Je viens de respirer pendant une vingtaine
de jours l'air pur de la campagne; les chers
PP. Lorain et Leroy, qui visitent l'un Yùn-
Tchouàn, l'autre Py-Chàn, m'ont donné à tour
de rôle une gracieuse et large hospitalité; en
leur aimable compagnie, il m'a été donné de
revivre de la vie de district, mais pour un instant
seulement; ces quelques jours ont' passé vite,
très vite. Selon toutes probabilités, ils ne revien-
dront pas de sitôt, car me voilà en procure, au
moins pour un an encore. C'est vous dire que
mes espérances de voir finir mon intérim ne se
sont pas réalisées; mon prédécesseur en procure,
le P. Lorain est trop enchanté de son district où
il a retrouvé la santé, pour songer à le quitter
encore. Il a obtenu de Monseigneur une prolon-
gation de congé et par le fait même le *procureur
intérimaire* conserve ses fonctions pour un an

encore. Bien des fois, je vous l'ai dit, pour une
foule de motifs, je préférerais la vie de district,
mais comme dit un chant de la rue du Bac :

> Et quand sur terre
> On n'a pas ce qu'on veut,
> Il faut savoir se faire
> Au bon plaisir de Dieu.

Donc, n'en parlons plus et vive la procure
puisque j'y suis...

A mon retour, j'ai trouvé votre bonne lettre
du 8 septembre. Le tableau que vous me faites
de la situation actuelle en France n'est pas
des plus riants. Mais il pourrait, je crois,
trouver son pendant en Chine. Un moment on
avait espéré que la guerre sino-japonaise amènerait de notables et heureux changements dans
le Céleste-Empire. Beaucoup surtout aimaient à
croire que les Chinois sauvés d'un désastre
complet par l'intervention des puissances européennes ne pourraient pas décemment ne pas
leur témoigner une vive reconnaissance. Les
effets de cette reconnaissance se sont, en effet,
manifestés d'une manière on ne peut plus sensible
et cela sans retard. Le traité avec le Japon était
à peine signé grâce à l'intervention de la France,
que les Chinois du Sé-Tchouan se jetaient sur
les missionnaires français. Depuis lors, bien que
les meneurs aient été punis, la situation ne s'est
pas sensiblement améliorée. La France en ren-
dant service à la Chine a travaillé, non pas pour
le roi de Prusse, comme dit le proverbe, mais,

ce qui est à peu près la même chose, pour
l'empereur de Russie. Toujours généreux et
chevaleresques, nous avons négligé nos intérêts
pour ne songer qu'à ceux de nos bons amis les
Russes. Et à présent, ce ne sont pas seulement
les missionnaires qui souffrent de ces regret-
tables oublis, mais encore tous les Français qui,
pour raison de commerce ou autres, ont affaire
aux Chinois. Ils se heurtent à un mauvais
vouloir absolu de la part des autorités et à une
hostilité à peine déguisée de la part du peuple.
« *La Chine aux Chinois* », telle est la devise du
Céleste Empire et en particulier de la province
du Sé-Tchouàn à l'heure actuelle. Les Européens
doivent rester chez eux et ne pas se venir mêler
d'entreprendre dans l'intérieur des terres un
commerce ou industrie quelconque soit seuls,
soit associés avec des Chinois. Lisez plutôt le
trait suivant et, je n'en doute pas, vous serez
suffisamment édifié à ce sujet.

*
* *

Il y a quelque temps, deux Chinois du Sé-
Tchouàn obtenaient du vice-roi la permission
d'exploiter les pétroles de la province; dans
les diverses pièces qui avaient précédé et
préparé cette permission, on avait noté qu'ils
ne se serviraient pas d'Européens; l'autorisation officielle elle-même ne faisait nulle
mention de cette clause. Munis de l'autorisation,
nos deux hommes se mirent en relations avec la
maison Vrard, représentée à Han-Keoù par un
suisse, M. Laidrick. Celui-ci répondit de s'asso-

cier avec eux et de fournir machines et capi-
taux, mais à une condition, c'est qu'ils s'adres-
seraient à Tchàng-Tche-Tong, vice-roi de Nan-
king et super-intendant du commerce et de
l'industrie pour la vallée du Yang-Tsé. Tchàng-
Tchè-Tong fut donc prévenu dans les formes;
on lui fit même connaître la clause notée dans
les pièces du Sé-Tchouàn et stipulant qu'on ne
se servirait pas d'étrangers; bien plus, les deux
intéressés lui déclarèrent qu'ils s'associaient
avec M. Laidrick, de la maison Vrard. Nonobstant tout cela, Tchàng-Thè-Tong approuva l'en-
treprise et donna une pièce officielle. Cette
pièce et les précédentes furent remises à M.
Laidrik qui alors s'adressa aux raffineurs de
pétrole de France, leur demandant un ingénieur
pour faire les études nécessaires. L'ingénieur
fut envoyé et, cette année, à la fin de mars, il
arrivait à Tchong-Kin en compagnie de M. Laidrick et des deux associés chinois. Les mandarins, prévenus du but de leur voyage, ne firent
aucune difficulté et leur procurèrent même tous
les moyens de visiter les centres de pétrole et
de les étudier. Cette étude finie, nos voyageurs
se disposaient à reprendre le chemin de Chàng-
Hày, lorsque les mandarins commencèrent à
leur opposer des objections; leurs associés
chinois, disaient-ils, étaient des gens sans valeur
qu'il fallait changer à tout prix. C'était le premier
acte de la comédie; pendant qu'il se jouait à
Tchong-Kin, le vice-roi donnait de Tchen-Kou
l'ordre de mettre la main sur les deux Chinois.
Sous prétexte qu'on avait besoin de les voir à la

capitale, on les décida à entreprendre le voyage. Ils se mirent en route, malgré les conseils qu'on leur donnait, mais à peine sortis de Tchong-Kin, ils étaient enchaînés et conduits sous escorte. L'un d'eux mourut en route, l'autre, à l'heure actuelle, est encore dans les prisons de la capitale.

Pendant ce temps, les mandarins mettaient tout en œuvre pour se saisir des autorisations restées entre les mains des deux Européens: mais ceux-ci moins naïfs que les Chinois et surtout mieux conseillés avaient eu la précaution de déposer leurs papiers en lieu sûr. Après quelques pourparlers inutiles, l'ingénieur, M. Baux, et M. Laidrick se décidèrent à aller porter plainte à Pékin. Le tsong-ly-yâ-men (bureau des affaires étrangères), sur la réclamation de M. Gérard, promit de donner des ordres pour que justice soit faite. Mais les vice-roi se moquent du *tsong-ly-yâ-men* qui n'est pas un vrai ministère et aussi la plupart du temps *tsong-ly-yâ-men* et vice-roi s'entendent comme larrons en foire pour berner les Européens. Toujours est-il que, ces derniers temps, M. Haas, consul de France à Tchong-Kin, s'étant, sur l'ordre de M. Gérard, abouché avec notre *tao-tày* (inspecteur d'une partie de la province) pour traiter cette affaire, le tao-tày a prétendu avoir reçu des ordres diamétralement opposés. Il a dit que l'exploitation ne serait jamais livrée à des étrangers et que tout ce qu'on ferait pour les deux en question serait de leur donner une indemnité. Cette indemnité est en discussion à l'heure

présente; M. Haas a demandé 125.000 taëls
(environ 500.000 francs), et il est bien résolu à
ne pas diminuer ce chiffre. Sans doute, cette
affaire coûtera cher à nos *braves* mandarins.
mais ils s'en moquent, vu que c'est le peuple
qui paie. Et puis, ils atteignirent leur but et
exclurent les Européens.

C'est vous dire que, malgré ses missions
commerciales, la France aura bien de la peine
à faire des affaires d'or au Sé-Tchouàn. Seul, le
port de Tchong-Kin est ouvert et tout le reste
de la province demeure fermé à l'industrie et
au commerce européens.

Pour nous, nous conservons nos positions:
notre situation n'est certes pas meilleure qu'autrefois. Mais pour le moment, on semble nous
oublier un peu pour s'occuper des négociants et
autres. Espérons que le bon Dieu nous aidera à
développer nos œuvres.

Excusez cette longue digression sur un sujet
qui ne touche guère à la propagation de
l'Évangile. Je me suis étendu là-dessus pour
vous donner une idée de l'état des esprits en
Chine vis à vis de l'Europe.

Veuillez me rappeler au bon souvenir de tous
les parents et amis.

Votre fils en N. S.

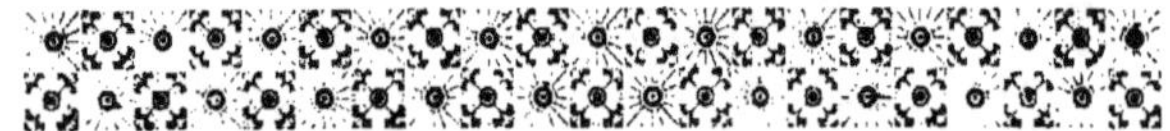

LETTRE XXXIV

Ubi Crux, ibi Patria !

LES AMES ! LE CIEL !

SOMMAIRE

Occupations à la procure. — Progrès de l'E-
vangile au Su-Tchuen. — Menaces de persé-
cutions. — Mauvaise foi chinoise. — M. Gé-
rard, représentant de la France à Pékin. —
Expression de cette avant-dernière lettre.

Tchong Kin, 4 février 1897.

Bien cher et vénéré Père,

C'est dans la procure du Su-Tchuen Oriental,
au milieu des caisses et des livres de comptes,
que votre bonne lettre du 11 novembre est venue me rejoindre. Mon prédécesseur, le bon
P. Lorain, semble reprendre goût à la vie de
district — ce qui n'est pas étonnant — et ne se
presse pas du tout de revenir à son poste ; par
suite, mon intérim se prolonge, non pas précisément à mon entière satisfaction, il faut bien
le dire ; mais puisque le bon Dieu le veut ainsi,
fiat !

Je sors à peine d'une période bien occupée ;
successivement, les bagages des diverses Missions, les nouveaux confrères et enfin la retraite annuelle sont venus occuper jusqu'au moindre de mes moments ; pendant près de deux
mois, je n'ai guère eu de temps libre et, natu-

rellement, ma correspondance avec la France,
correspondance pourtant bien restreinte s'en
est ressentie.

Enfin, je respire plus à l'aise, grâce surtout
au nouvel an chinois, qui cette année tombait
le deux février et dont les solennités durent
quinze jours pleins ; c'est pour tout le monde
une période de repos ; magasins et ateliers sont
hermétiquement clos et, dans les rues, au lieu
des commerçants affairés et des ouvriers allant
à leur besogne, on ne rencontre plus que des
flaneurs ou des gens en habit de gala se ren-
dant chez les parents et amis pour présenter
leurs vœux de bonne année.

Par dessus tout, les pétards, sans lesquels il
n'y a pas de fête complète en Chine, éclatent
de tous côtés sans discontinuer, depuis minuit
du 1er au 2 février. Il va sans dire aussi que la
musique ne reste pas en arrière, mais quelle
musique grand Dieu ! On croirait entendre un
de ces *charivaris* par lesquels les joyeux *gars*
de nos villages d'Auvergne célèbrent les se-
condes noces d'une veuve ou d'un veuf. Cymbales, tambours et tambourins rivalisent de dis-.
cordance, mais pour des oreilles européennes
seulement, bien entendu, car les Chinois, eux,
trouvent cela on ne peut plus juste et harmonieux.

***

Mais, *paulo majora canamus*. Vous me demandez si l'évangélisation fait des progrès en
Chine ; pour ce qui concerne notre mission, il
y a eu, ces deux dernières années, un mouve-

ment sensible de conversions dans plusieurs districts ; celui que j'ai quitté pour venir en procure est du nombre et compte actuellement une centaine de néophites de plus. Mais ces élus de la grâce persévèreront-ils et deviendront-ils de parfaits chrétiens ? Voilà une question qu'il est bien difficile de résoudre, surtout à l'époque que nous traversons. Le diable n'a pas dit son dernier mot, au contraire, et jamais il ne néglige l'occasion de nous jouer un mauvais tour : persécutions générales ou locales, tracasseries de la gent mandarinale, attentats individuels, tout lui est bon.

Au Sé-Tehouàn nous avons passé et passons encore par toutes ces misères et, à ce qu'il paraît, nous ne sommes pas les seuls. Une lettre arrivée aujourd'hui même de Yùn-Nàn m'apprend que le procureur de cette mission le P. de Gorostarzu a failli être victime d'un odieux et lâche attentat.

Le 12 décembre 1896, un forcené, armé d'un gros bâton ferré et d'un poignard, forçait, à 8 h. du soir, la porte de la résidence, blessait le portier et se jetait sur le procureur accouru au bruit. Terrassé par ce dernier, il parvenait néanmoins à le frapper avec son bâton et son poignard et lui faisait six blessures dont l'une au côté droit, une autre à l'épaule, les quatre autres à la tête, au front et à la tempe droite. Le cher Père a dû garder le lit pendant quinze jours : grâce aux soins dévoués d'un habile chirurgien qui se trouvait là, il est aujourd'hui hors de danger, mais ses blessures ne sont pas encore complètement cicatrisées.

Quant au meurtrier, il a été arrêté par les satellites et jeté en prison ; mais le punira-t-on en proportion de son crime ? Il est permis d'en douter. La justice chinoise est singulièrement indulgente et portée à trouver des excuses quand il s'agit d'un attentat contre les Européens. Décidément ces braves Chinois ont encore besoin d'une leçon et d'une bonne, car, en vérité, ils se moquent de tous les étrangers, qu'ils soient missionnaires ou laïques.

*
* *

Dans ma dernière lettre, je vous parlais des déboires éprouvés par deux Français, MM. Baux et Laidrich, qui, sur la foi d'autorisations émanant de l'autorité chinoise compétente, venaient ici pour exploiter les pétroles de la province. Il avait été convenu, en dernier lieu, que l'affaire serait arrangée à l'amiable entre le consul de France et l'inspecteur général de Tchong-Kin. Mais ce dernier a montré une mauvaise volonté telle que M. Haas s'est vu obligé d'en référer de nouveau au ministre de France à Pékin. Celui-ci lui a enjoint alors de se rendre à Tchentou, pour traiter directement avec le vice-roi de la province. M. Haas est donc parti pour la capitale et de là il se rendra à Ta-Tsien-Lou, poste frontière où résident nos confrères du Thibet. M. Gérard a répondu, en effet, de faire, coûte que coûte, réintégrer ceux-ci dans leurs anciens postes de l'intérieur ; et, devant la mauvaise volonté chinoise, il ne trouve pas de meilleur moyen que d'envoyer un représentant de la France les reconduire en personne. Il faut espérer que la fermeté de notre ministre obtiendra enfin les résultats qu'on attend depuis de longues années. M. Gérard est certainement celui qui, jusqu'ici, a le mieux représenté la France à Pékin. Puisse-t-il longtemps rester à ce poste !

Veuillez, cher et vénéré Père, exprimer à ma famille mes meilleurs sentiments et me rappeler au bon souvenir de tous les parents et amis.

Votre fils dévoué et reconnaissant en N.-S.

LETTRE XXXV

Ubi Crux, Ibi Patria !

Les âmes ! Le Ciel !

A. M. D. G.

SOMMAIRE

*Affectueux début. — Le typhus et la disette. —
La Mission est tranquille, mais on perçoit
de mauvais signes. — Bonnes nouvelles du
Thibet. — Aveux de fatigue; malaise
général.*

Tchong-Kin, 25 juin 1897.

Bien cher et vénéré Père,

Un peu de négligence est excusable à votre
âge ; chez moi, ce serait chose moins pardonna-
ble et, pour n'avoir pas à faire, une fois de plus,
mon *mea culpa* sur ce sujet, je me hâte de répondre à votre bonne lettre du 12 avril.

Merci pour tous les détails que vous me donnez sur la France, sur l'Auvergne et sur ma famille ; tout ce qui touche de près à cette dernière
surtout est pour moi du plus vif intérêt; le bon
Dieu, je l'espère, continuera à couvrir d'une
protection spéciale ceux que je lui ai confiés et
lui recommande tous les jours. Soyez, je vous
en prie, cher et vénéré Père, leur ange tutélaire,
comme vous avez été le mien et répétez-leur
bien que je ne leur demande qu'une chose,
vivre toujours en bons chrétiens.

***

Ces bons chrétiens, je le vois par votre lettre,
deviennent de plus en plus clairsemés au beau

pays de France et, malheureusement, ne se mul-
tiplient pas en Chine au gré de nos désirs. Et
pourtant, ici, peut-être plus qu'ailleurs, la main
de Dieu se manifeste écrivant pour l'instruction
des hommes des leçons terribles que les esprits
même bornés devraient comprendre et les yeux
les moins clairvoyants devraient voir. Je vous
ai déjà parlé de la famine qui, depuis près d'un
an, règne dans la province et va chaque jour en
s'aggravant. Mais un malheur n'arrive jamais
seul : à la disette est venu se joindre le typhus (1)
qui a causé partout une mortalité effrayante ;
dans la seule ville de Tchong-Kin, le chiffre des
décès, durant ces quelques mois, a dépassé,
dit-on, trente mille ; c'est certainement plus du
dixième de la population fixe de notre cité ; mais,
il faut dire que, parmi les victimes de l'épidémie, un grand nombre, le tiers au moins, appartient à la population flottante, c'est-à-dire à
cette classe de pauvres diables qui n'ont ni feu
ni lieu et cherchent à gagner leur vie, comme
tireurs de barques ou porteurs d'eau, de fardeaux
et de palanquins. A l'heure actuelle, la maladie
semble avoir ralenti son cours ; mais la disette
persiste et ne cessera que si la nouvelle récolte
est bonne. Cette récolte paraît encore bien chan-
ceuse : l'an dernier, juste au moment où le riz,
en pleine maturité, faisait concevoir les plus belles espérances, une pluie continuelle est venue
tout détruire ; cette année, c'est aussi une pluie
semblable qui arrête le développement des jeu-

____

(1) Et c'est ce mal qui allait, dans moins de quinze jours,
l'emporter lui aussi.

nes plants. Si le soleil ne vient pas bientôt remédier à cette triste situation, ce sera encore une récolte à peu près nulle qui portera à son comble la misère déjà si grande.

Avec la misère, il faut s'attendre à tout ! les Chinois, déjà si peu respectueux de la propriété d'autrui en temps ordinaire, le sont encore bien moins lorsque leur ventre crie famine ; déjà, en ces derniers temps, on a dû étouffer par la force quelques soulèvements partiels. Que serait-ce si le riz devenait encore plus rare ?

*
* *

Si l'on excepte cette double crise de famine et d'épidémie, notre Mission ne présente rien de bien saillant. Les malheurs publics semblent avoir fait oublier les étrangers. A Tchong, en particulier et dans les environs, nous jouissons d'une tranquillité à peu près complète. Il n'en est pas de même tout à fait, paraît-il, du côté de Tchen-Ton : bien que deux années se soient écoulées depuis la dernière persécution, les esprits sont encore loin d'être calmes. Des manifestations hostiles se produisent un peu partout, des menaces se font entendre plus terribles même, semblerait-il, que jadis ; autrefois, on disait : Pillons et brûlons: — Actuellement, on va jusqu'à proférer le cri : « Mort aux Européens, mort à ceux qui les fréquentent et les soutiennent ! » Le procureur de Tchen-Ton, en me transmettant ces détails, me dit qu'il ne serait pas étonné de voir encore un orage au moins partiel éclater dans leurs parages.

*
* *

Pendant que la capitale est en ébullition, le Thibet semble se calmer, et s'ouvre de nouveau devant nos confrères ; trois d'entre eux, précédés par un mandarin chinois, ont quitté Ta-Asien-Lon le 29 avril ; le 16 mai, ils rentraient avec une escorte d'honneur dans leur poste de Bathanc d'où ils avaient été chassés, il y a une dizaine d'années. Les lamas, devant les ordres sérieux venus de Chine, ont consenti à toutes les réparations, ce qui était à prévoir. C'est une victoire diplomatique de plus à l'honneur du Ministre de France, M. Gérard et de notre consul, M. Haas. Après Dieu, c'est à ces deux hommes que nos confrères du Thibet doivent leur réinstallation.

*
* *

Voilà un aperçu général de la province et des environs ; comme vous le voyez, rien de bien saillant. Que vous dirai-je maintenant de moi-même ? Que je suis toujours fort occupé ? Ce n'est point chose nouvelle, mais chaque jour je constate encore mieux que la procure n'est pas une sinécure. L'année qui vient de s'écouler surtout a été particulièrement rude, grâce au séjour de nos compatriotes à Tchong-Kin ; s'occuper de ces Messieurs, leur rendre les petits services qu'ils attendent des missionnaires, n'est certes pas peu de chose : c'est surtout chose fort délicate. Aussi, je vous avoue que tout cela, joint aux occupations ordinaires, n'a pas laissé de me faire soupirer après mon ancienne vie bien

plus calme et plus tranquille ; de plus, quoique
ma santé soit excellente, je sens que j'ai besoin
d'un peu d'air et de liberté, ne serait-ce que
pendant quelque temps. Monseigneur, qui le
comprend fort bien, m'a à peu près promis de
faire son possible pour ne pas trop prolonger
mon intérim. Il suffit d'une chose pour que cet
intérim prenne fin, c'est que mon prédécesseur,
le P. Lorain revienne à son poste. J'espère qu'il
en sera ainsi au mois de septembre.

Bien des choses à mes parents et amis.

Votre fils dévoué en N.-S.

ÉPILOGUE

ÉPILOGUE

Cette lettre est la dernière que le P. Serre a adressée à celui qu'il appelait avec raison « cher et vénéré Père en Dieu ». Et il est bien probable que c'est la dernière que le jeune missionnaire a écrite.

Il y a, dans cette lettre, un grand calme et beaucoup de sérénité. On y remarque néanmoins un ton plus affectueux, un plus complet abandon à la divine Providence. C'étaient bien les *novissima verba*. On y trouve aussi l'expression d'un vrai besoin de repos, d'un malaise de mauvais augure.

En effet, avant l'arrivée à sa destination de cette lettre, parvenait au directeur des Missions étrangères, à Paris, la nouvelle de la mort du jeune missionnaire. Communiquée à qui de droit, cette funèbre nouvelle causa la plus profonde impression, non seulement à la famille du jeune apôtre et à son dévoué bienfaiteur, mais encore à tous ceux qui l'avaient connu.

Voici en quels termes s'exprima la presse religieuse de son pays d'origine : ces extraits diront, autrement que nous ne saurions le faire, l'affection qu'on lui avait vouée, l'estime que l'on ressentait pour son caractère, son talent et ses vertus.

Le *Moniteur du Cantal*, par la plume de M.

l'abbé Delmont, d'abord professeur de philosophie au Petit-Séminaire de Pleaux, et depuis
professeur aux facultés catholiques de Lyon,
disait, le 19 août 1897 :

« On écrit du Séminaire des Missions étrangères, de Paris :

Nous venons de recevoir la nouvelle aussi douloureuse qu'inattendue de la mort de notre cher
confrère, M. Jean-Marie-Toussaint Serre, missionnaire apostolique, au Su-Tchuen Oriental (Chine),
pieusement décédé dans sa mission au commencement de juillet.

La voilà donc partie pour le ciel, cette âme
généreuse de jeune missionnaire.

Je le vois encore brillant élève au Petit-Séminaire de Pleaux, où son âme se trempait dans
la foi, la force et l'amour de toutes les grandes
choses.

Je le vois jeune clerc, au Grand-Séminaire de
Saint-Flour, d'où il me contait ses ardeurs, ses
désirs, ses espérances d'apostolat, avec l'élan
d'un cœur dont il était bien doux de suivre les
nobles et superbes envolées.

Et puis, quand la grâce victorieuse eut marqué son élu, quand le sacrifice suprême fut ac-
compli, quand il eut dit adieu pour toujours à
sa mère, à sa sœur désolées, qui ne vivaient que
de lui et pour lui ; quand le Séminaire des Missions étrangères eut rempli son âme de ce dévouement calme et inaltérable qui donne au
jeune apôtre le courage de mettre l'Océan entre
son cœur et tout ce qu'il aime, je le vois à la gare
de Lyon-Perrache, où il m'avait donné ren-

dez-vous par dépêche à 4 heures du matin.

Etait-il gai, était-il heureux, avec ses quatre ou cinq camarades, de partir pour cette Chine qui vient de nous le ravir ! Il rêvait des conquêtes d'âmes, des souffrances d'apôtre, et, si Dieu l'en jugeait digne, des palmes du martyre.

Un trépas plus vulgaire est venu le briser dans sa jeunesse et sa fleur.

Mais sa mère, sa sœur, son excellent curé de la Monselie, nous tous qui l'avons aimé, nous pouvons dire de lui, pour nous consoler dans notre deuil : « Mort au champ d'honneur ! ».

Il s'en est allé plein de mérites plus que de jours : *Consummatus in brevi explevit tempora multa.*

Les anciens auraient dit :

Mourir à son aurore est un bienfait des dieux.

Nous disons, nous, avec nos immortelles espérances : « Trente ans, c'est bien tôt pour mourir, quand on porte au cœur toutes les saintes ambitions du missionnaires et de l'apôtre ».

Mais son âme avait l'âge où le ciel les rappelle ».

*
* *

Le 26 septembre 1897, M. l'abbé Courchinoux, directeur de la *Croix Cantalienne*, écrivait dans ce journal :

PAUVRE MISSIONNAIRE

LE P. SERRE
Triste nouvelle

Nous avons eu la douleur d'annoncer ici la mort d'un de nos plus intrépides compatriotes, le P. Serre, de la Monselie, canton de Saignes, et nous avons promis de consacrer au saint défunt un article nécrologique aussitôt que le courrier d'Orient nous apporterait quelques détails sur ses derniers jours. C'est l'heure de tenir parole.

Reproduisons d'abord la lettre qu'adressait à M. le curé de Monselie, le R. P. Hinard, secrétaire des Missions étrangères, 128, rue du Bac, à Paris.

Monsieur le curé,

Nous venons de recevoir la nouvelle aussi douloureuse qu'inattendue de la mort de notre cher confrère, M. Jean-Marie Serre, missionnaire apostolique du Su-Tchuen oriental (Chine), pieusement décédé dans sa mission au commencement de juillet.

Le télégramme qui a apporté la triste nouvelle à Shang-Haï est daté du 10 juillet.

En attendant les détails que nous recevrons prochainement sur la maladie et les derniers moments du défunt, nous vous prions, Monsieur le curé, de vouloir bien faire part à la famille de M. Serre du deuil qui vient de la frapper et lui offrir l'expression de notre bien vive sympathie.

Daignez agréer, Monsieur le curé, avec notre reconnaissance, l'assurance de notre fraternel et religieux attachement en Notre-Seigneur.

Pour le Conseil du Séminaire,

L. HINARD, secrétaire.

Jeunesse et vocation

Jean-Marie-Toussaint Serre était né le 1er novembre 1867, au village de Fage, près la Monselie. Il se fit remarquer de bonne heure par un

sérieux qui devançait les années. Rarement ses
maîtres eurent à lui faire une observation. Ils ne
trouvèrent jamais occasion de lui adresser la
moindre réprimande.

Un jour, il déclara à son pasteur, le vénérable
M. Dumas, que son rêve serait d'être prêtre. Le
bon curé se mit à sa disposition pour lui donner
les premières leçons de latin. Il écrit aujour-
d'hui : « Nul enfant dans la paroisse ne frappait
le public, comme ce jeune adolescent. Chacun
le choyait et l'aimait. Travailleur, studieux, il
faisait de rapides progrès. Son talent exceptionnel lui rendait tout travail extrêmement facile.
Vingt mois d'études, souvent interrompues, lui
permirent de suivre le cours de troisième au
petit séminaire de Pleaux. Faible d'abord, à la
fin de l'année scolaire il fut l'élève le plus marquant de sa classe, il remportait sept prix. Sa
seconde et sa rhéthorique ne trompèrent pas des
espérances si fondées. Supérieur à tous ses condisciples, il garde toujours le premier rang. En
rhétorique, sur 18 prix, il remportait 17 premiers prix et obtenait le second seulement dans
une partie, où grâce à une distraction bien permise à son âge, il semblait avoir faibli contre
toute attente ».

Le baccalauréat aisément conquis, en Sorbonne, Jean Serre entra au grand séminaire de
Saint-Flour. De l'avis du supérieur, le regretté
M. Péreymond, il y fut l' « l'élève le plus remarquable de la maison ». Mais la grâce de Dieu
le travaillait activement. Après deux ans de ré-
flexions et d'épreuves, au mois d'octobre 1888,

il entra au séminaire des Missions étrangères.

Il était ordonné prêtre. le 28 septembre 1890, venait embrasser les parents et les amis d'Auvergne, et, le 2 novembre, s'embarquait pour le Su-Tchuen oriental où il arrivait en janvier 1891.

Le missionnaire

Le jeune prêtre a raconté lui-même sa traversée dans une série de communications faites à la *Semaine catholique* et publiées plus tard en volume par M. le chanoine Lesmarie(1) sous le titre *Voyage et récits d'un missionnaire.*Cet ouvrage a obtenu un réel et légitime succès. Nous savons de bonne source qu'il sera complété par un second volume sur le point d'être livré à l'impression.

Arrivé à Tchong-Kin, il restaure le matériel de l'imprimerie de la Mission, forme des typographes indigènes et étudie le chinois avec tant d'ardeur qu'au bout de six mois, le jour de l'Assomption, il peut prêcher 20 minutes en cette langue.

Envoyé en district sous la direction du P. Zeller, puis professeur de rhétorique et de philosophie au grand séminaire de Cha-Pin-Pa, il repart bientôt seul cette fois. pour une nouvelle mission, où, durant deux années, il réalisa des prodiges.

Ses supérieurs l'envoient alors dans les montagnes, au district de Ta-Tsiou-Hien, l'opposant en quelque manière aux frères Uman-Tsé, deux affreux brigands, qui envahissaient à main armée les marchés chinois, détruisaient les établisse-

---

(1) D'abord professeur au petit séminaire de Pleaux, directeur de la *Semaine* au moment où paraissait le *voyage.*

ments chrétiens et menaçaient de mort les Européens. Sa tête est mise à prix. Au lieu de se cacher, il tente sur la place publique une démonstration hardie, qui lui concilie les esprits. Un des frères Uman-Tsé est décapité et les bandits regagnent leurs montagnes.

Après dix-huit mois de labeurs apostoliques, c'est sur une chrétienté ancienne du Su-Tchuen, qu'on l'achemine. Tout est à refaire. Le boudhisme a regagné le terrain perdu. Le P. Serre se multiplie et laisse à Ho-Pao-Tchang de féconds souvenirs de son passage.

Rentré à Tchong-Kin, il y remplit les fonctions de procureur de la mission. C'est dans ce poste que la mort est venu le surprendre. Nous laissons la parole à son évêque, Mgr Chouvellon, qui, dans une lettre au directeur du Séminaire des Missions étrangères, raconte les derniers moments de notre vaillant compatriote.

Les derniers moments

Tchong-Kin, 16 juillet 1897.

Bien vénéré Directeur,

Il y a huit jours, en vous annonçant la maladie de notre cher Procureur le Père Serre, j'étais loin de m'attendre à un dénouement si triste et si subit. Le médecin américain qui le soignait avec beaucoup de dévouement se félicitait de voir la dyssenterie arrêtée ; la convalescence commençait, c'était une affaire de temps et de prudence.

Mais, dans la nuit du jeudi au vendredi, la fièvre se déclare ; le vendredi matin, le docteur ordonne de transporter notre cher malade chez lui (son habitation n'est pas éloignée de l'Evêché) : lui-même s'installe au chevet de notre confrère et ne le quitte pas de toute la journée ; il y a toujours espoir d'enrayer le mal. Tous les moyens sont employés, le mal résiste. A 9 heures du soir, le docteur est inquiet ; je lui dis de m'avertir dès qu'il y aura péril pour notre cher confrère. A 11 heures, le docteur m'annonce qu'il est à bout de ressources : impossible de couper la fièvre, le malade peut y passer d'un moment à l'autre... c'est sa dernière nuit. Je me rends aussitôt auprès du Père Serre, qui était en pleine connaissance et ne paraissait pas trop souffrir. Je lui signifie l'arrêt du médecin : notre confrère n'en est nullement ému, mais il aurait encore voulu *travailler pour Dieu, pour les Missions !...*

De tout cœur il offre à Dieu le sacrifice de sa vie pour le bien de la mission. Après la confession, je lui administre le viatique et l'extrême-onction et lui donne l'indulgence apostolique : il était près de minuit. Trois confrères, MM. Giraux, Muller, Lombard, ne le quittent pas un instant. Ils viennent à tour de rôle lui suggérer de bonnes pensées et lui lire les prières des agonisants qu'il suit avec grande piété.

A deux heures du matin, je dis la sainte messe pour notre cher malade. Dieu ne m'accorde pas la guérison que je demandais, mais il m'a accordé d'avoir été grandement édifié et touché des derniers instants et de la belle mort de ce cher ami. La même parole est sortie de la bouche de tous

les confrères présents : « Puissé-je avoir une
pareille mort ! »

Ma messe finie, je me rends près du malade :
il me manifeste son désir de mourir à l'évêché
près du bon Dieu. Le médecin qui ne conserve
plus l'espoir d'une guérison, mais qui veut au
moins mettre toutes les chances de son côté, a
défendu tout mouvement et toute agitation. Je
demande au Père Serre d'offrir à Dieu ce dernier sacrifice, ce qu'il fait en se soumettant entièrement au bon plaisir de Dieu.

Vers l'aurore, l'agonie commence par un grand
accablement ; les remèdes avaient jusqu'alors
surexcité les nerfs. Notre confrère ne parle plus,
mais il entend et il comprend. Je lui dis qu'il est
près du bon Dieu, et qu'il mourra en face de
Jésus-Hostie. Il me répond par un signe de tête
et ses yeux se fixent longuement dans la direction de l'autel.

Les chrétiens de la ville, que cette nouvelle a
terrifiés, accourent de tous les quartiers, ils ré-
citent en chœur les prières des agonisants, et à
8 heures du matin, 10 juillet, l'âme du très regretté Père Jean-Marie-Toussaint Serre est auprès de son Juge : *Requiem æternam dona ei
Domine.* Quelle douleur pour moi, quelle perte
pour la Mission !...

Il réussissait en tout, était propre à tout, en
district, au collège, à la procure. C'était le modèle du missionnaire pieux, travailleur, mais
toujours de bonne humeur. Il savait se faire
respecter, estimer, aimer. A la messe des obsè-
ques, que j'ai célébrée en présence des confrères

et des prêtres indigènes de la région, outre le consul de France, MM. Morisse, et Coffiney, la colonie étrangère avait délégué quatre de ses membres.

Envoyez-nous beaucoup de confrères qui aient les vertus et les qualités du Père Serre.

† Chouvellon,
Évêque de Daurare,
Vicaire apostolique.

Pauvre cher missionnaire ! A un ami, qui lui souhaitait la palme du martyre, il disait : « A côté du martyre sanglant, il en est un autre moins apparent, le martyre de chaque jour ; c'est celui-là qui me convient, et daigne le bon Dieu me le donner un peu rude. » Il a été entendu. Sa vie de mission a été terriblement pénible, ses dernières heures douloureuses. Espérons qu'il est entré dans sa récompense.

Deuil au pays

La paroisse de la Monselie a voulu honorer dignement la mémoire de son missionnaire. Jeudi 23 septembre, elle lui a consacré un magnifique service funèbre.

M. le curé Dumas avait convoqué les fidèles à venir prier pour celui qu'à tant de titres il appelait « son cher enfant. » Les fidèles ont répondu à cet appel avec un religieux empressement. Vingt-trois messes ont été dites à l'intention du bien-aimé défunt. Vingt-cinq prêtres ou séminaristes étaient là, ses anciens maîtres du petit séminaire de Pleaux, ses condisciples, ses amis, accourus de près ou de loin.

L'église était couverte de tentures, sur lesquelles se découpaient de beaux cartouches portant de pieuses inscriptions appropriées à la circonstance. De huit heures à midi, la plus grande partie de la population y a prié, à commencer par les meilleures familles de la Monselie, en tête desquelles la famille Broquin au complet. Nombre de personnes, étrangères à la paroisse, assistaient à la cérémonie. Elles étaient venues de Vebret, comme M. de Vaublanc, maire de cette commune, ou d'Antignac ou de Menet.

M. Lesmarie, chanoine honoraire, curé d'Anglards de Salers, présidait. Il a retracé avec émotion et éloquence la vie si courte et si précieuse du cher missionnaire. Son discours saisissant a fait couler bien des larmes.

Et maintenant à lui encore de nous donner l'histoire de cet apôtre mort à la tâche. Les lettres du missionnaire sont entre ses mains. Qu'il les publie au plus vite. De nombreux amis les attendent impatiemment.

*
* *

A la même date, on écrivait de la Monselie à la *Semaine* de Saint-Flour :

Monsieur le Directeur,

Le dernier numéro de la *Semaine Catholique* nous faisait lire une touchante lettre de Mgr Chouvellon, vicaire apostolique du Su-Tchuen Oriental (Chine), nous apportant les détails impatiemment attendus, relatifs aux derniers moments du très regretté Père Serre.

A l'instant même où la plupart de vos abonnés

14

recevaient des mains du facteur la *Semaine Catholique* et lisaient le récit édifiant de la mort de notre cher Missionnaire, la paroisse de la Monselie — sa paroisse natale — honorait magnifiquement la mémoire du Père Serre, et priait pieusement pour le repos de son âme.

M. le curé Dumas n'a pas oublié celui qu'il a le droit d'appeler son *cher enfant* parce qu'il l'a aimé, parce qu'il l'a élevé comme un père aime et élève son propre enfant. Il avait donc convoqué sa paroisse à venir jeudi dernier prier pour celui qui est un peu la gloire de la Monselie après en avoir été le modèle, et la paroisse a répondu avec empressement à son appel. Il avait convoqué les prêtres des environs et les prêtres sont venus nombreux, non seulement des environs, mais de bien loin. Nous étions vingt-cinq ecclésiastiques. Il y avait là tous les prêtres originaires de la Monselie, d'anciens maîtres du Père Serre au petit séminaire de Pleaux, des condisciples, des amis, venus, je le répète, quelques-uns de bien loin et malgré le temps pluvieux vraiment décourageant. Il y a des cas où rien n'arrête un cœur pris d'un généreux élan.

Et c'est bien pour satisfaire aussi les élans de son cœur que M. le Curé avait tant travaillé à décorer son église. Les grandes églises de nos villes, au jour des funérailles de leurs principaux personnages, pourraient envier les tentures mortuaires, les cartouches aux inscriptions si bien choisies, si *parlantes* de l'église de la Monselie, en ce jeudi de septembre. Une inscription, entre toutes, a fixé mon attention, m'a paru vraie, à

moi, ancien condisciple de l'abbé Serre au grand
séminaire de Saint-Flour : *Dieu l'avait comblé
de ses.dons*. Je me suis alors rappelé le passé,
j'ai remis en mémoire ce passage de la lettre du
procureur du Su-Tchuen à M. le Curé de la Monselie : « Je l'avais choisi pour cette mission,
espérant qu'il en serait une colonne pour longtemps et Dieu l'a retiré... »

Pour tout dire, je ne peux que répéter ici la
parole de M. le Prédicateur : « Monsieur le
Curé, vous avez bien fait les choses ! »

M. le Prédicateur ! direz-vous. Oui, il s'est
trouvé un prêtre qui n'a pas voulu laisser l'église
se vider sans dire à la nombreuse assistance ce
que son cœur ressentait en présence de ce cata-
falque. Les vingt messes basses sont dites. M.
le Curé de Menet vient de chanter solennellement
la seconde grand'messe, voici M. le chanoine
Lesmarie, curé d'Anglards, en chaire. Lui, à qui
nous devons le livre : *Voyage et récits du Missionnaire* était autorisé à prendre la parole,
n'est-ce pas ?

Comme on a admiré quand il nous a montré
comment la Providence préparait un futur missionnaire, dans sa famille, à l'école, au séminaire ! — Comme on a été touché, comme on a
pleuré, quand il nous a montré le Missionnaire
quittant son pays, ses parents et se livrant à ses
travaux apostoliques ! — Comme on a été saisi
quand, à la fin de son discours, il a fait parler
le Père Serre lui-même du fond de son tombeau !
« Par sa vie de missionnaire, que nous dit-il à
nous, prêtres ? — que vous dit-il à vous, jeunes

gens, jeunes personnes ? que vous dit-il à vous, pères et mères de famille ? » Et, par la bouche du prédicateur, le Père Serre a parlé à tous.

Oui, l'auditoire était saisi. Dans mon émotion, j'ai voulu tourner les yeux vers la chaire, et mon regard s'est arrêté tout à coup sur un cartouche fixé à cette chaire. J'y ai lu : « Mort, il nous parle encore ».

Je n'ai pu que répéter intérieurement : « M. le Curé, vous avez bien fait les choses ! »

Je crois qu'après cette allocution, c'est le cœur surtout qui a chanté les prières de l'absoute.   X.

*
* *

Enfin, la *Semaine* insérait l'article biographique qui suit et que nous reproduisons tout entier : nul n'était plus autorisé à l'écrire que celui qui l'a signé.

LE PÈRE SERRE

Monsieur le Chanoine,

Le cœur un peu gros, l'esprit bouleversé par ce coup inattendu, vous me demandez une petite biographie de mon cher enfant. Je ne puis rien refuser à ce qui touche à ce bien aimé, que je pleurerai le reste de mes jours, ou mieux jusqu'à ce que il plaira au bon Jésus de me le faire retrouver dans un monde meilleur.

Puisque vous le voulez, malgré l'état d'esprit où ce coup m'a plongé, je vais essayer de payer une dette de reconnaissance et d'amour à ce cher défunt. Vos lecteurs voudront bien me pardonner l'incohérence de ce qui tombera de ma plume mal taillée :

Jean-Marie-Toussaint Serre naquit le 1er novembre 1867, au village de Fage, paroisse de la Monselie, canton de Saignes. De bonne heure, il se fit remarquer par la portée de ses paroles et sa tenue peu ordinaire à son âge. Chacun autour de lui était frappé d'un sérieux qui devançait les années. On pouvait lui appliquer ces paroles de Tobie : *cum esset junior nihil tamen puerile gessit ;* jeune, il ne fit rien d'enfant. Rarement ses maîtres eurent à lui soumettre une observation, je ne dirai pas une réprimande.

Arrivé à l'âge de la première communion, il s'y prépare, non pas en enfant, mais en jeune homme sérieux, réfléchi, soucieux de son avenir. Je le rencontrai en janvier 1880 sur le chemin de ma vie sacerdotale, aux leçons du catéchisme de la seconde communion. Bientôt frappé de la précision de ses réponses qui sentait le petit Théologien, Dieu m'inspira la pensée de lui donner une attention particulière et, après quelques conversations intimes, je crus comprendre qu'il y avait en lui quelque chose qui dépassait l'ordinaire. Dans une confidence, je lui demandai ce qu'il désirait faire : il me répondit : « Je désirerais bien être un jour prêtre. » Cette réponse m'est demeurée et me demeurera. Je lui répondis : « Il faut prier, mon enfant, et communier souvent à cette intention. » Il aurait fallu le voir à l'église, dans cette attitude correcte, presque immobile, et partant si édifiante, dans un enfant à peine âgé de douze ans. Les hommes ont beau agiter mille projets humains, la grâce sait travailler à leur insu. — Quelques mois s'écoulent,

et malgré des difficultés humainement insurmon-
tables, je me décide à lui donner quelques leçons
de latin. Quelque temps après, je me trouvais en
face d'un élève qui n'aurait pas grand peine à
dépasser le maître. Entre temps, je voyais grandir son grand esprit religieux. Nul à l'église ne
se tenait comme lui, et si les enfants de son âge
s'agitaient un peu autour de lui, il n'y prenait
garde. Oh ! comme je garde le souvenir de cette
attitude respectueuse devant le tabernacle ! Il n'y
avait en lui rien de la légèreté du jeune âge. Nul
enfant dans la paroisse ne frappait le public,
comme ce jeune adolescent. Chacun le choyait
et l'aimait. Travailleur, studieux, il faisait de
rapides progrès. Son talent exceptionnel lui rendait tout travail extrêmement facile. Vingt mois
d'études, souvent interrompues, lui permirent
d'essayer de suivre le cours de troisième au petit séminaire de Pleaux. Faible d'abord ; à la fin
de l'année scolaire, il fut l'élève le plus marquant
de sa classe, il remportait sept prix. Sa seconde
et sa rhétorique ne trompèrent pas des espérances si fondées. Supérieur à tous ses condisciples,
il garde toujours le premier rang. En rhétorique,
sur 18 prix, il remportait 17 premiers prix et
obtenait le second seulement dans une partie
où grâce à une distraction bien permise à son
âge, il semblait avoir faibli contre toute attente.
Une telle intelligence ne devait échouer dans
aucun examen. A la fin de sa rhétorique, il subissait avec avantage l'examen de la première
partie du baccalauréat. En philosophie, son émi-
nent professeur, M. l'abbé Delmont, n'hésitait

pas à l'envoyer à la Sorbonne pour y subir les examens de la deuxième partie de bachelier ès-lettres, des établissements religieux du diocèse, le premier il eut l'honneur de se présenter à Paris. Assez et même trop sur son petit séminaire et son séjour au modeste presbytère de la Monselie.

Un enfant prévenu de tant de grâce et doué de si haute intelligence avait déjà trouvé sa voie. Le grand séminaire l'appelait, il voulait être prêtre. Après un an passé dans cette maison, je demandais au vénéré M. Péreymond (1) des nouvelles de mon séminariste, « Mon ami, quel est celui-là ? Un tel, lui répondis-je. » Avec son air glacial, cachant un grand cœur, il répartit : *Il est ici ce qu'il était ailleurs. C'est évidemment l'élève le plus remarquable de la maison*. Deux ans s'écoulent, et le séminariste ne laisse rien à désirer. Mais la grâce travaille activement. Le zèle de la maison de Dieu et le salut des âmes le dévorent. Il n'y tient plus, il se sent appelé, il brûle d'être à la rue du Bac pour s'y faire l'esprit et le pied pour les peuplades de l'Orient et de la Chine. Un moment, de concert avec le vénéré M. Nicolaux (2) (que sa grande humilité ne s'effarouche pas de voir son nom mêlé à ce petit croquis), nous contenons cet élan un peu précipité. Au mois d'octobre 1888, il part, trop tard à son grand regret, pour le séminaire des missions étrangères. Je ne dirai rien de son sé-

____

(1) Prêtre lazariste, homme de grande science et de parfait discernement, longtemps supérieur.

(2) Directeur et alors professeur de morale au grand séminaire.

jour à Meudon et à la rue du Bac. Plus tard, ses lettres, comme celles de ses années d'apostolat, diront ce que fut le séminariste et le missionnaire.

*
* *

Ordonné prêtre, le 28 septembre 1890, il vient dire adieu à sa famille, à ses amis, aux Séminaires de Pleaux et de Saint-Flour, rentre à Paris le 16 octobre et s'embarque à Marseille le 2 novembre pour sa nouvelle patrie, le Su-Tchuen oriental. Je ne parlerai pas de sa traversée. Les lecteurs de la *Semaine* ont peut-être gardé quelques souvenirs du récit de son voyage. Il est nombre de jeunes gens qui, à 23 ans, ont des aperçus moins justes et la plume plus mal taillée.

Il arrive en janvier 1891 à sa destination. Ici, je ne pourrai qu'être un peu concis ; ses chères et bien-aimées lettres, confiées à une plume exercée, diront, je l'espère, mieux que je ne saurais le faire, ses sept années d'apostolat.

Arrivé à Tchong-Kin-Fou, il travaille trois mois à restaurer le matériel de l'imprimerie de la Mission. Formé à ce genre de travail avant de quitter la France, il traînait à sa suite tout l'outillage pour ce nécessaire. Il forme des imprimeurs chinois et étudie avec tant d'activité la langue chinoise, que sa première leçon, prise le 16 février, il prêche vingt minutes en chinois le jour de l'Assomption. Déjà il avait quelques mois de nourrice, c'est-à-dire qu'il avait été placé dans une famille chrétienne chinoise, pour mieux se familiariser avec l'idiome le plus difficile du monde. Depuis quelque temps déjà, il était en district sous la direction du père Zeller, lorsqu'il se voit appelé au séminaire de Cha-Pin-Pa, pour y enseigner rhétorique et philosophie.

Bientôt il est renvoyé dans son district, mais cette fois pour naviguer tout seul. Deux années il est heureux dans cette chrétienté qui lui donne de nombreuses satisfactions. Mais l'horizon se charge, la tempête s'avance, il faut un homme de front capable d'enrayer un peu le mouvement.

Les brigands des montagnes, sous la conduite des deux frères Uman-Tsé, envahissent les marchés chinois, renversent et détruisent les établissements chrétiens et menacent de mort les Européens. L'abbé Serre est envoyé à Ta-Tsiou-Hien, district voisin de la révolte. Sa tête y est mise à prix, mais une démonstration hardie, au milieu du forum, lui concilie les esprits et les autorités locales. Bientôt un des frères Uman-Tsé est saisi et décapité sur place. Les brigands regagnent leurs montagnes.

Dix-huit mois environ, notre missionnaire travaille dans ce lieu à la gloire de Dieu, au relèvement des ruines matérielles et morales. Mais il y a une chrétienté, la plus ancienne du Su-Tchuen oriental, située à la limite occidentale, qui a perdu sa première ferveur, pour ne pas dire autre chose. Tout est à refaire ; les chrétiens sont dispersés, l'oratoire renversé, les écoles fermées ; le paganisme, ou mieux le bouddhisme, a repris le dessus. Sans se décourager jamais, le cher Père Serre se rend à Ho-Pao-Tchang : c'est le nom de la chrétienté.

Il se met à l'œuvre, rassemble les chrétiens,

les exhorte, les catéchise ; il est tout entier à son
difficile apostolat, lorsqu'il y a environ deux
ans, Mgr Chauvellon l'appelle de nouveau à
Tchong-Kin-Fou pour y remplir le rôle de procureur de la mission du Su-Tchuen oriental. Ce
poste de confiance lui souriait si peu, qu'il m'é-
crivait quelque temps après : Je ne suis pas condamné *ad triremes neque ad bestias, sed ad sar-
cinas.* Les Chinois parlent, mais les caisses et
les colis ne disent mot et cependant il faut tra-
cer leur route. Dans ce poste, il avait assez souvent à traiter avec des Européens. Mille affaires
délicates et difficiles lui étaient dévolues.

C'est là que la mort est venue le surprendre et
le ravir à l'affection et à l'estime de tous ceux
qui l'ont approché et qui l'ont connu.

Je prie les lecteurs de la *Semaine Catholique*
d'excuser certaines longueurs, confiées à la hâte
au papier pour répondre aux désirs du Directeur de la *Semaine* diocésaine. Je leur demande
aussi une prière pour ce bien-aimé missionnaire.

H. DUMAS,
Desservant de la Monselie.

*
* *

En terminant, et pour mettre encore une fois
en évidence l'ardeur apostolique, la foi et l'humilité de notre jeune missionnaire, il sera permis de citer cet extrait d'une lettre écrite, l'année du départ pour le Su-Tchuen, à un ami qui,
au premier de l'an, lui souhaitait, entre autres
choses, le martyre :

« Je voudrais encore, cher ami, m'associer au

second vœu de ton cœur, non moins beau, non moins enviable que le premier et devant la palme bénie que tu fais briller à mes regards, dire du plus profond de mon âme : *Fiat ! fiat !!* Mais je n'ose former un tel souhait. Ce n'est pas que l'immolation sanglante de moi-même m'effraie : non, avec Jésus, on peut tout ; soutenu par sa grâce, j'aurais le courage de marcher sur les traces glorieuses des héros qui ont donné leur sang pour la foi. Toutefois, je n'ose désirer le sort de ces vaillants soldats, je les admire et me dis tout bas *Sancta sanctis*. Oui, aux saints seulement les grâces de choix, les faveurs insignes qui s'appellent les tortures, le martyre : les misérables, les pécheurs comme moi, ne sauraient aspirer si haut ! Trop heureux si je puis effacer les fautes et les souillures de ma vie par une immolation cachée, obscure, continuelle. A côté du martyre sanglant, il en est un autre moins apparent, le martyre de chaque jour ; c'est celui-là qui me convient, et daigne le bon Dieu me le donner un peu rude afin qu'au moment suprême je puisse lui dire avec confiance : « Seigneur, je vous ai bien offensé, mais, voyez, le feu de la tribulation n'a cessé de purifier mon âme ; recevez-la en votre saint paradis ! » Si tu veux, mon cher ami, que ce bonheur me soit donné un jour, supplie Notre-Seigneur de m'accorder le martyre que je souhaite, un martyre inconnu aux hommes, connu de Dieu et qui dure jusqu'à mon dernier soupir ».

J.-M.-T. SERRE,
Aspirant Missionnaire.

Missions Étrangères, le 20 janvier 1890. — Paris.

DERNIER MOT

DERNIER MOT

Et maintenant que ce livre, béni par notre
Evêque vénéré, s'en aille, portant partout où il
pénètrera, avec les lettres qu'il renferme, le
souvenir du missionnaire qui les a écrites. Elles
disent beaucoup des travaux de nos apôtres dans
les pays lointains ; elles montrent leur zèle à
toute épreuve pour la gloire de Dieu et les épreuves de leur patriotisme. Qu'on le sache encore
une fois : « Dieu et Patrie ! Le salut des âmes !
L'honneur du nom français ! », telles sont les
devises de nos missionnaires : nul ne l'ignore :
seul le parti pris voudrait donner à penser qu'il
n'est pas convaincu. Devant le trépas de ceux
qui sacrifient tout, tout, même la vie ; non, il n'y
a pas de négation admissible.

Ces lettres étaient attendues de plusieurs. Nous
avons mis tout notre soin à correspondre à cette
attente. Puisse notre travail n'avoir pas été
inutile.

Et si quelque exemplaire arrive là-bas, dans
ce Su-Tchuen où repose la dépouille mortelle de
celui que nous avons aimé, les missionnaires
qui ont travaillé avec lui, qui souffrent en attendant la paix qui est déjà son partage, sauront par
là que, jusque dans les chaumières du pays

d'Auvergne, l'héroïsme (il n'y a pas d'autre mot) de leur vie est compris.

C'est bien pourquoi, d'ailleurs, rien, ni le mauvais vouloir, ni la calomnie, ni la rage de secte, ni les machinations savantes, ni la persécution ouverte ou déguisée, rien ne parviendra à tarir la source des vocations apostoliques. « Allez, enseignez les nations » ; cette parole divine ne doit point passer ; les ouvriers ne doivent point lui manquer.

APPENDICE

APPENDICE

*Aperçu sur le double but des Missions Etran-
gères. — L'évangélisation des païens. — La
formation d'un clergé indigène.*

Un fait assez étrange frappe les yeux de qui-
conque suit avec quelque attention la lecture de
la vie ou de la correspondance de nos missionnaires, qu'on pourrait appeler l'histoire de l'a-
postolat moderne. Ce fait, c'est que, dans les
gigantesques travaux qui sont accomplis sur une
étendue beaucoup plus grande que la partie du
globe depuis longtemps chrétienne, les missionnaires comptent un fort petit nombre de coopérateurs choisis parmi ceux qu'ils évangélisent.

Cependant les vocations à l'apostolat ne sont
point assez nombreuses pour suffire aux besoins
des missions.

Qui ne voit que l'Evangile doit par cette raison avancer plus lentement, s'établir moins solidement et courir la chance de n'être, pour plusieurs peuples, qu'un bienfait éphémère ? Là se
trouve donc une difficulté grave qui doit appeler
l'attention de tous ceux auxquels sont chers la
gloire de Dieu et le salut des âmes.

** **

Il semble, au premier coup d'œil, que la chose

est fort simple. Pourquoi ne pas élever au sacerdoce des chrétiens de ces nouvelles Eglises ? Sans doute de graves motifs puisés dans les circonstances ont pu autoriser une déviation de la marche accoutumée des temps anciens : toutefois ce ne pouvait et ne devait être qu'une exception locale et transitoire subordonnée aux conjectures qui l'avaient fait adopter.

On comprend fort bien que la profonde dégradation dans laquelle l'idolâtrie a fait descendre nos frères lointains, impose le devoir de ne pas leur confier, avant de longues épreuves, le fardeau du sacerdoce. Mais l'idolâtrie de nos jours n'est pas plus avilissante que celle des âges antérieurs ; elle ne doit donc pas plus qu'autrefois laisser d'ineffaçables traces dans l'âme des nouveaux convertis. Le monde romain, tout avili qu'il était par ses tyrans et son immense corruption, offrait, il est vrai, sous certains rapports, mais sur certains points seulement, plus de ressources au recrutement du sacerdoce chrétien qu'une partie du monde païen d'aujourd'hui. Les progrès de la civilisation greco-latine, comme l'a fort bien remarqué le grand évêque d'Hippone, étaient une préparation providentielle à l'établissement de l'Eglise pour le moment où sonnerait l'heure de son apparition dans le paganisme. Cet état du monde romain, joint aux éléments féconds que présentait la religion juive, offrait aux apôtres un moyen plus efficace de se donner des coopérateurs. Aussi voit-on qu'ils associèrent avec empressement à leur divin ministère des hommes chargés de continuer la culture qu'ils avaient commencée, pendant qu'eux-mêmes iraient semer le bon grain dans des terres nouvelles.

Les mêmes avantages, il faut l'avouer, ne se sont pas rencontrés chez bien des peuples que les derniers siècles ont vu appeler à la foi. On a donc pu légitimement, on a dû dans des cas donnés éprouver de grandes difficultés pour appliquer la règle commune de la propagation évangélique dans la formation des clergés indigènes. Mais dans un cas semblable, la difficulté, quelque grande qu'elle soit, ne crée jamais l'impossibilité ; et c'est là ce que les missionnaires ont dû souvent se représenter pour animer leur courage.

En effet, si nous examinons les monuments de l'antiquité, nous y trouverons la règle dans toute son application, sauf les exceptions qui l'ont raisonnablement suspendue pour un temps, quand d'impérieuses circonstances en ont fait un devoir.

Que la règle soit d'appeler au sacerdoce chrétien des membres de toutes les nations qui couvrent le globe, de toutes les races qui divisent la grande famille humaine, on en trouverait la preuve dans ce seul fait que cette éminente dignité ne se transmet plus par le sang dans la loi nouvelle comme dans le judaïsme. L'Église de Jésus-Christ n'est pas comme la synagogue plantée sur un point du globe, entourée de limites qu'elle ne doit point franchir. Toute la terre lui fut donnée pour héritage dès longtemps avant sa naissance. Il lui fut promis qu'elle recueillerait ses innombrables tribus à l'orient et à l'occident, au septentrion et au midi ; elle fut invitée à élargir sa tente pour abriter toutes les nations. « J'enverrai mes hérauts dans l'Afrique... dans les îles les plus reculées, vers ceux qui n'ont jamais entendu parler de moi... et ils feront venir tous vos frères de toutes les nations... et *j'en choisirai d'entre eux pour les faire prêtres et lévites, dit le Seigneur* (Isaïe, 66). » Adorable effusion de la grâce divine sur l'humanité tout entière, afin que de tous les points du globe puisse être offerte, par les mains des prêtres, l'hostie pure et sans tache qui réconcilie la terre et le ciel !

Ce que le prophète avait annoncé, les apôtres l'accomplirent ; on voit par le Nouveau-Testament et par l'histoire ecclésiastique leur marche uniforme et constante de créer un clergé indigène sur lequel reposait le soin d'achever l'œuvre commencée. Le petit nombre d'exceptions qui pourrait exercer la sagacité des critiques prouverait seulement, ou que des Eglises auraient perdu leurs titres, ou que des raisons inconnues à notre époque firent dévier accidentellement de la route qu'on suivait partout ailleurs : ce qui paraît confirmer la règle générale et justifier en même temps les dérogations temporaires que la prudence a pu conseiller.

Cette marche si simple à la fois et si rationnelle est motivée par la forme divine de la constitution donnée par N.-S. à son Eglise, justifiée d'ailleurs par le témoignage de l'expérience. On devait toujours sentir la nécessité de la suivre

dans l'apostolat chez les peuples, surtout lorsque les progrès de la navigation eurent fait dé-
couvrir d'innombrables tribus de frères dont
nous ne connaissions pas l'existence. Aussitôt
l'Eglise dit à ses ministres : « Allez recueillir ces
nouveaux enfants que Dieu me donne ; ils vien-
dront s'abriter sous mes ailes, et mon cœur de
mère sera consolé des cruelles douleurs que lui
causent tant de fils dégénérés. » A cette voix,
des légions de conquérants qui n'ont pour arme
que leur foi, pour but que le salut de leurs frères, s'élancent dans ces régions inconnues. Par
des travaux inouïs, l'Evangile est annoncé à des
myriades d'infidèles. Pourtant les ouvriers évangéliques ne se recrutent pas au milieu des peuples convertis. Les plus consolantes nouvelles
viennent des quatre vents du ciel ; mais pas une
n'apprend que la sainte hiérarchie chrétienne,
qui doit être comme une armée rangée en bataille, s'établisse parmi tous les jeunes enfants
de l'Eglise.

Rome, sentinelle vigilante placée par le Seigneur sur la tour de la maison d'Israël, s'alarma
d'une tendance dont elle prévoyait les funestes
suites. Plusieurs fois, à la vue du danger que
couraient les nouvelles Eglises, elle fit entendre
de pressantes réclamations. La Sacrée Congrégation de la Propagande écrivant, en 1626, au
dernier évêque du Japon, l'engageait à élever
au sacerdoce tous les Japonais qu'il trouverait
aptes et capables. Ces avis n'eurent pas, à beaucoup près, tout l'effet qu'on pourrait en attendre. En conséquence, la Sacrée Congrégation fit

un décret que confirma Urbain VIII, pour ordonner à tous les supérieurs de missions de présenter par écrit un rapport détaillé contenant les raisons et les motifs qui s'opposaient à la réalisation des désirs du Saint-Siège.

Les ordres du Pontife et de la Propagande reçurent exécution. Après mûr examen, la Sacrée Congrégation déclara les raisons alléguées contre la possibilité de former un clergé indigène *vaines et frivoles.* En conséquence, elle fit son fameux décret de 1630, par lequel il fut ordonné d'élever au sacerdoce les nationaux capables. Ce décret, malheureusement, fut loin de mettre un terme aux répugnances et aux oppositions que le Saint-Siège combattait. La Sacrée Congrégation appuyait pourtant les motifs de ce décret sur les considérations les plus graves. (Nous les citerons en entier, tels que nous les les trouvons dans l'*Histoire de l'établissement du christianisme dans les Indes orientales,* p. 5, t. I) « C'est, disent les cardinaux dans leur décret du 28 octobre 1830, *que les apôtres et leurs successeurs ont ordonné des prêtres de toutes les nations converties; comme nous l'apprennent l'Ecriture et l'histoire ecclésiastique ;* que les peuples ordinairement ajoutent plus de foi à ce que leur disent leurs compatriotes qu'à ce que leur proposent des inconnus ; c'est que les prêtres du pays en savent mieux la langue, la parlent avec plus de grâce, trouvent des expressions plus propres et plus intelligibles pour expliquer les mystères de la religion ; ils connaissent plus parfaitement les

mœurs et les inclinations de leurs concitoyens ;
ils ont des liaisons plus étroites avec eux, ils
peuvent plus facilement les fréquenter et s'in-
sinuer dans leurs conversations et dans leur
amitié : ils sont mieux instruits des supersti-
tions, des erreurs, des impiétés, des mystères
abominables que contient la religion du pays ;
et ils se servent de tous ces avantages pour dé-
tromper les idolâtres et les convertir ; *enfin l'ordre hiérarchique peut seul former un christianisme parfait*, qui n'ait plus besoin du secours
des étrangers pour se soutenir. » (1)

A ces raisons si convaincantes, on en peut
ajouter d'autres qui ont aussi leur poids. En
effet, quelle doit être la fragilité de ces établissements qui ne puisent pas la vie en eux-
mêmes ? Le nombre des vocations à l'apostolat
est si restreint, qu'il n'a et ne peut avoir aucune proportion avec l'immensité des besoins.
Le travail est si continuel et si pénible qu'en
peu d'années, les ouvriers évangéliques meurent à la peine, quand toutefois ils peuvent
échapper à la persécution et aux mille accidents qui les attendent. De toutes parts on ré-
clame leur ministère, et combien de fois laisse-
t-on périr la moisson parce qu'il n'y a personne
pour la recueillir ? Ajoutez encore les difficultés
de se faire au climat, aux habitudes des diverses
localités, d'apprendre ces mille petites choses
qui ne coûtent rien lorsqu'elles ont environné

______

(1) C'est un langage identique que l'on aura remarqué dans
une des lettres de ce volume.

le berceau et qui demandent des années avant
qu'on les sache assez bien pour ne plus porter
ce nom glacial d'*étranger*. Le roi du Tong-
King ne disait-il pas au vénérable Jaccard, habitant déjà depuis de longues années son royaume : « J'ai pitié de toi parce que tu n'es qu'un
barbare qui es venu ici pour gagner ta vie en
trompant le peuple ! » L'orgueil national, comme
celui de l'individu, se retrouve partout.

Puis quand vient la lutte avec les pouvoirs
de la terre, lutte qui s'est rencontrée dans toutes les nouvelles conquêtes de la foi, que peuvent des chrétientés, quelque florissantes
qu'elles soient, si la force qui soutient ne se
peut multiplier comme la force qui attaque ?
Dieu est là sans doute, mais suivant les voies
ordinaires de la Providence, il agit par l'intermédiaire des hommes. Eh bien, admettons l'hy-
pothèse qui, certes, n'a rien d'invraisemblable,
que le brandon de la discorde se jette entre les
nations de l'Europe, les mers seraient-elles
libres, et les hérauts de l'Evangile auraient-ils le
privilège de la neutralité au milieu des combat-
tants ?

Au reste, c'est la marche de tout ce qui est
destiné à vivre. Les premiers temps ne sont
pour ainsi dire qu'une vie d'emprunt, qu'une
participation de la vie d'un autre ; mais quand
l'être a grandi, seul il suffit à ses besoins. Le
rameau de cet arbre que nous plantons sur un
sol qui ne l'a pas vu naître, il faut qu'il y prenne
racine. Alors il s'unira intimement au sol, il en
fera l'ornement et la richesse.

La semence de l'Evangile trouve bien assez de difficultés pour être seulement jetée en terre; si elle peut lever et grandir, les obstacles ne sont pas vaincus pour cela, puisqu'ils naissent continuellement du cœur humain ; faut-il les multiplier encore en négligeant un moyen qui, s'il n'est pas infaillible, est bien certainement le plus sûr ? Car on ne saurait contester que si des églises constituées sur un clergé indigène sont mortes, elles n'auraient pas vécu plus longtemps sans doute parce qu'elles n'auraient eu que le secours précaire d'un apostolat lointain. Tandis qu'il est incontestablement vrai qu'un grand nombre, pour ne pas dire toutes, de celles qui ont heureusement traversé les épreuves, auraient péri sans la vie intrinsèque puisée dans un clergé indigène.

Il suffit de se demander ce que seraient devenues les Eglises des Gaules, des Espagnes, de l'Italie, et tant d'autres, si le clergé avait dû se recruter dans des régions transmarines et lointaines, alors que la persécution versait des flots de sang, comme la tempête verse la pluie, alors que la rage des tyrans couronnés était si bien secondée par la rage des tyrans subalternes.

Il est vrai, les Eglises qui entendirent la voix de saint Chrysostome, de saint Basile, de saint Grégoire et de tant d'autres, n'ont pas été sauvées du naufrage, quoique constituées sur la sainte hiérarchie ecclésiastique. Adorons, en tremblant pour nous-mêmes, la profondeur des décrets de Dieu ; reconnaissons que l'immortalité promise par Jésus-Christ à son Eglise n'est

point une garantie pour les Eglises particulières.
Quand le sel de la terre s'affadit il n'est plus bon
qu'à être jeté dehors. Telle est la cause des
malheurs de l'Eglise grecque.

Non loin de notre époque, l'histoire nous
fournit la preuve de notre assertion. Qu'est
devenue cette belle Eglise du Japon, œuvre
magnifique de saint François Xavier ? Hélas !
l'idolàtrie armée du glaive persécuteur d'un côté,
de l'autre la soif de l'or et l'hérésie n'y ont pas
laissé un vestige de la foi chrétienne. Cette
Eglise n'a pas pu vivre ; tout ce qu'elle a pu, ç'a
été de prendre son vol vers le ciel... Elle est
morte dans les angoisses d'ineffables tribulations
avec les derniers de ses apôtres. Ses enfants
sont partis pour le royaume éternel, ne laissant
après eux qu'une voix sans écho, des exemples
sans imitateurs. Triste, mais irréfragable preuve
de l'immense danger qui menace toutes ces
Eglises lointaines, si l'on ne constitue une hiérarchie indigène, seul appui solide pour résister
au temps et au mauvais vouloir des hommes.
C'est ce qu'avaient douloureusement compris
tant de pontifes et en particulier le pape Pie VI,
lorsque, en 1775, adressant aux vicaires apostoliques de la Chine et des royaumes voisins,
membres de la Congrégation des Missions
Etrangères, une lettre encyclique pour les féliciter, les encourager et approuver l'érection du
collège général de leur Congrégation à Viram-
patnam, près Pondichéry, il leur disait : « Re-
gardez l'établissement des séminaires comme le
premier de vos devoirs, le plus noble, le plus

digne objet de vos travaux. Que chaque vicaire
apostolique s'efforce d'établir dans sa mission
un collège indigène séculier ; par ce moyen, on
n'aura à redouter (comme il est arrivé malheureusement au Japon) que les persécutions qui,
si fréquemment, affligent l'Eglise, y ôtent la possibilité d'exercer le ministère apostolique. » Par
trois fois le saint Pontife les assure qu'ils ne
peuvent rien faire de plus agréable au Saint-
Siège et à la sacrée Congrégation de la Propagande, rien de plus utile à l'Eglise, que de former des prêtres indigènes dans leurs missions
respectives.

Des paroles si claires, si formelles, n'ont pas
besoin de longs commentaires pour démontrer
combien Rome tient à ce que l'on érige dans
chaque vicariat des collèges d'où sortiront un
jour, nous en avons la douce confiance, ces
prêtres, ces évêques, espérances chéries de ces
missions lointaines. Oui, le jour viendra où ces
Eglises pourront enfin se suffire à elles-mêmes,
vivre de leur vie, comme le reste de la catholi-
cité. C'est là le vœu formel de Rome, c'est là le
vœu, l'esprit et la constitution de l'Eglise ; telle
est la marche constamment suivie dans tous les
siècles. Sans cela, comme le disait Clément XI,
la religion *ne s'implantera jamais fixement dans
le cœur des masses*. Le missionnaire étranger, a
bien, si vous le voulez, le respect extérieur,
mais l'affection réelle sera toujours pour l'indigène.

*
* *

Aussi la Congrégation des Missions étrangè-

res, formée sur ces principes, a mis au nombre
des fins principales pour lesquelles elle est ins-
tituée, la formation d'un clergé indigène dans
toutes les missions que le Saint-Siège lui confie.
Voici ce que nous lisons dans ses institutions,
chap. I, n° 2 : Tous les ouvriers évangéliques qui
seront envoyés du séminaire de Paris doivent
comprendre que la principale fin qu'ils doivent
se proposer est de s'appliquer à la formation
d'un clergé indigène, aussitôt que, dans les lieux
où ils travailleront, il y aura un nombre suffi-
sant de chrétiens pour composer une Église et
pour pouvoir en tirer des pasteurs. »

Il paraît tout simple de croire que les Églises
annamites et chinoises ne doivent leur conser-
vation qu'à la présence de ce même clergé. Il
est certain que de 1833 à 1841, aucun missionnaire n'a été vu ni entendu dans ses fonctions
par les païens, hormis ceux qui ont paru devant
les tribunaux ; qu'ils ne pouvaient remplir que
bien imparfaitement et à la hâte, leur ministère
auprès des chrétiens, tandis que les prêtres du
pays avaient assez de facilité pour subvenir aux
besoins des Églises persécutées, et même pour
travailler à la conversion des gentils. Chose
étonnante, sous le feu même de la persécution,
le christianisme étendait ses conquêtes par le
clergé indigène, ce qui prouve en même temps
quelle réforme il a déjà opérée sur le caractère
national si faible et si timide.

De là suit évidemment que si la prudence
commande de ne pas compromettre l'honneur
du sacerdoce chrétien en le confiant à des hom-

mes qui n'offrent pas assez de garanties, cette crainte doit se dissiper chaque jour de plus en plus, maintenant qu'une glorieuse expérience a démontré ce qu'ils peuvent. Il s'est trouvé de l'or le plus pur et beaucoup, dans ces terres, lorsqu'elles ont passé par le creuset. Lisez la sainte légende que le Souverain Pontife a présentée au monde catholique. Le plus grand nombre des noms glorieux qu'elle porte ne sont pas européens. Et dans la recrudescence de persécution la plus terrible et la plus désastreuse qui fut jamais, quels prodiges de constance n'a-t-on pas eu à admirer dans ces généreux chrétiens annamites !

On voyait partout s'élever des villages entièrement chrétiens, des églises, des séminaires, des maisons de retraite pour les Amantes de la Croix et les jeunes filles confiées à leurs soins. Dix évêques, trente missionnaires, étaient occupés à soutenir et à accroître le nombre des néophytes ; environ 35o prêtres indigènes les aidaient puissamment dans ce pénible ministère. Et on a vu tout à coup des villages entiers disparaître par le pillage et la dévastation, tandis que les chrétiens, après de rudes épreuves pour les faire renoncer à leur foi, étaient dispersés dans les villages païens, où, parqués comme des bêtes fauves dans une haie de bambous, ils se voyaient à chaque instant ménacés d'être brûlés vifs par les païens furieux. Eglises, séminaires, maisons de retraite, tout a été détruit. Mgr Retord est mort dès le commencement en fuyant au milieu des bois. MM. Néron et Vénard ont

péri par la glaive des bourreaux ; Mgr Guenot
a succombé quelques heures avant son exécution ; MM. Charbonnier et Mathevon ont subi
le supplice des tenailles froides et des tenailles
rougies au feu. Au Tong-King central et oriental, Mgr Hermosilla, Mgr Orchoa et le P. Al-
mato, dominicains espagnols, ont aussi été dé-
capités pour la foi. Mais il n'y a là, rien qui
étonne : on ne vit jamais un missionnaire renier
son Dieu par la crainte des tourments de la
mort. Ce qui est plus admirable, c'est de voir
tous ces nouveaux chrétiens dépouillés de leur
biens, chassés de leur patrie, dispersés parmi
les païens, flagellés, chargés de lourdes cangues
et jetés en prison, demeurer fermes dans la foi:
c'est de les voir confesser généreusement le
nom de Jésus jusque sous le glaive du bourreau.
Sans doute on en a vu défaillir, mais c'est le
petit nombre et les tourments sont la seule
cause de cette apotasie, purement extérieure.
D'après certaines appréciations, à défaut de
nouvelles positives, on croit pouvoir sans exa-
gération porter à 100.000 le nombre des victimes de ces années d'horrible persécution. On
ne sera pas étonné de l'élévation de ce chiffre
si on se rappelle qu'un dominicain espagnol
écrivait que, dans l'espace de deux ou trois
jours, 10,000 de leurs chrétiens avaient disparu.
Parmi ces 100,000 chrétiens, les uns ont été dé-
capités, d'autres enterrés vivants, un plus grand
nombre brûlés vifs dans les hangars où ils étaient
entassés, d'autres sont morts au milieu des tortures, la plus grande partie a péri par les ma-

ladies, la misère, la faim, les privations de tout genre, soit dans les lieux de leur exil, soit en fuyant dans les montagnes. Leurs prêtres donnaient à tous l'exemple dans le combat : à eux surtout était réservée la palme du martyre ; 150 au moins ont succombé glorieusement et ce qu'il y a de remarquable, c'est que pas un d'entre eux n'a eu la faiblesse d'apostasier. Des hommes qui savent ainsi souffrir et mourir pour le nom de Jésus, ne sont-ils pas dignes d'être honorés du sacerdoce ?

Dès longtemps avant que la persécution eût montré quelle énergie la foi avait versée dans l'âme de ces nouveaux chrétiens, un saint religieux (le Père Alexandre de Rhodes, jésuite), qui leur avait porté les lumières du saint Evangile, après avoir essuyé bien des contradictions auxquelles il ne devait guère s'attendre, vint se jeter aux pieds du pape Innocent X, et lui développa ses projets sur la formation d'un clergé indigène. Le pontife les approuva de grand cœur, le chargea de chercher trois ecclésiastiques propres à cette œuvre de dévouement. Le père de Rhodes les trouva dans une société de jeunes étudiants formée à Paris. Ces pieux jeunes hommes, sous la direction du père Bagot, aussi jésuite, s'exerçaient au salut des âmes les plus abandonnées.

*
* *

Cette société, réunie sous les auspices de Marie, ne pouvait accueillir qu'avec bonheur cette pensée généreuse, et si conforme à son esprit. Tous ceux qui la composaient, les laïques aussi bien que les ecclésiastiques, voulaient aller sauver ces âmes réellement bien abandonnées. Aussitôt que le Saint-Père fut instruit de l'heureuse rencontre faite à Paris, il ordonna au nonce près la cour de France de choisir dans cette petite société trois ecclésiastiques pour les élever à l'épiscopat. Mais c'était une œuvre trop belle et trop bonne pour qu'elle ne fût pas éprouvée par la contradiction. Divers incidents ne permirent pas d'en commencer l'exécution avant 1658. Enfin, Alexandre VII, successeur d'Innocent X, après avoir eu la pensée de mettre, à la tête des nouvelles Eglises de la Haute-Asie, un patriarche, deux ou trois archevêques et douze évêques, se détermina, sur de nouvelles considérations, à nommer trois évêques apostoliques. Ce furent M. Pallu, chanoine de Tours, désigné pour le Tong-King avec le titre d'Héliopolis ; M. de Lamotte-Lambert, ex-conseiller au Parlement de Rouen, pour la Cochinchine, évêque de Béryte. Deux ans plus tard, M. Ignace Cotolendi, curé d'Aix, était nommé évêque de Métellopolis, et chargé des missions de Chine et de Tartarie. Il mourut avant d'y arriver, près de Musilipatam (Indes), le 6 août 1662.

Tels furent les éléments de la société qui porte le nom de Congrégation des Missions Etrangères : trois prélats également illustres par leur piété, leur science et leur zèle apostolique. Tel fut aussi le but de leur institution, l'esprit dont ils étaient animés, et qui doit se perpétuer dans leurs successeurs : la création d'un clergé indigène. Il est impossible de ne pas le voir dans l'acte même qui les institue. C'est évidemment une milice nouvelle, appelée moins à combattre elle-même qu'à préparer des mains pour leur remettre les armes.

Les trois vicaires apostoliques s'étaient associé plusieurs prêtres animés du même esprit et du même zèle.

Quelques-uns partirent avec eux, tandis que les autres restèrent en France pour correspondre avec les missions, poursuivre l'œuvre à peine commencée et lui donner le développement dont elle était capable. Ils reçurent là recommandation expresse de fonder une maison où se perpétuât l'esprit caractéristique de l'œuvre. Dans ce but, les vicaires apostoliques leur laissèrent quelques fonds pour commencer. Louis XIV, à qui n'échappait aucune pensée noble et généreuse, voulut y concourir. Quelques âmes pieuses mirent aussi leur offrande, et l'on put acheter le vaste emplacement de la rue du Bac, à Paris.

De leur côté, les évêques établis dans les missions accomplissaient les désirs du Saint-Siège si formellement exprimés. Après s'être préparés plusieurs semaines par le jeûne et la prière, ils rédigèrent, dans un synode où furent appelés plusieurs des prêtres placés sous leurs ordres, un recueil admirable d'instructions apostoliques, où était traitée spécialement et fort au long la manière dont on doit instruire et préparer le jeune élève destiné au sacerdoce (1).

____

(1) C'est bien l'esprit de ces instructions que l'on trouve, en nombre d'endroits, dans les lettres ci-dessus.

Le Saint Pontife voulut conserver aux nouveaux missionnaires leur caractère originel de séculiers comme plus conforme à celui des apôtres et des prédicateurs des temps apostoliques. Le vicaire de Jésus-Christ ne voulut point de vœux ; il rejeta absolument ceux par lesquels les premiers membres de la Congrégation des Missions étrangères désiraient se lier. C'en fut assez ; le zèle pour la plus grande gloire de Dieu les leur avait fait proposer, l'obéissance, qui est la pierre de touche de la vraie vertu, les fit abandonner. On ne voit pas de quelle grande utilité eussent été pour cette Congrégation des liens qui n'eussent pu que l'embarrasser dans sa course. La chasteté et la pauvreté ne sont-elles pas les compagnes de tous les missionnaires ? Les évêques ne font-ils pas pratiquer à leurs prêtres une obéissance d'autant plus efficace qu'elle est constamment volontaire ?

On recueillit bientôt les fruits du système adopté dans ces missions. Dès l'année 1669, on avait conféré la prêtrise à douze ou quinze Tong-Kinois, à quelques Chinois les ordres mineurs, et la tonsure à trente ou quarante autres. Par les mêmes principes, Mgr de Béryte institua, dans ses voyages à la Chine et au Tong-King, les religieuses dites *Amantes de la Croix* (1). Ces divers essais réalisèrent les espérances dont on s'était flatté. L'œuvre de Dieu se fit plus vite, plus sûrement, et avec plus de perfection.

Cette expérience répondit péremptoirement à toutes les difficultés, à toutes les défiances qu'a-

(1) À la fois enseignantes et hospitalières.

vait rencontrées l'œuvre naissante. Les vénérables prélats eurent la consolation de voir leurs efforts couronnés du plus heureux succès.

Les trois premiers vicaires apostoliques étaient morts dès 1684. Mais avec eux ne périt pas l'esprit qui les animait. L'œuvre qu'ils avaient si bien commencée chez les infidèles se continua, portant toujours des fruits de bénédiction. Leur esprit se perpétue dans la longue suite de leurs enfants.

On pense bien que la tourmente révolutionnaire n'épargna pas cette sainte institution plus que les autres. Comment ceux qui voulaient détruire le christianisme en France auraient-ils respecté une maison destinée à le propager sur toute la terre? L'emplacement fut déclaré propriété nationale et vendu. Les directeurs échappèrent au fer des bourreaux et se dispersèrent. Trois d'entre eux allèrent à Londres, d'autres à Rome, d'où ils purent communiquer avec les missions, et malgré le malheur des temps, y envoyer encore quelques prêtres. Rentrés en France sous l'Empire, ils purent s'occuper plus aisément de leurs missions. Enfin, en 1815, ils se fixèrent définitivement dans leur ancienne maison, après l'avoir achetée deux fois. Leur congrégation fut une des premières qui put se rétablir en France après l'orage. Pendant quelques années ils restèrent presque seuls, ne pouvant se recruter dans le clergé de France, dont il ne restait plus que quelques membres échappés au carnage et à la proscription ; mais, après cette nouvelle épreuve, Dieu voulut bien leur donner des enfants. Et depuis cette époque, leur nombre a toujours été croissant, malgré les horribles·persécutions.

*
* *

Ainsi, cette congrégation a répondu à la pensée de ses pieux fondateurs et à la générosité de l'association qui est venue à son secours (car c'est par son assistance qu'elle vit maintenant, ses ressources d'autrefois ayant péri dans le gouffre des révolutions) ; nous voulons dire l'association pour la Propagation de la foi, œuvre si éminemment catholique qui doit en grande partie aux directeurs du séminaire des Missions Étrangères le principe de son existence.

Organisée dans la seconde ville de France, dans Lyon, la cité sanctifiée dans les anciens jours par le sang de ses premiers apôtres, elle s'est étendue dans tout l'univers chrétien. Elle embrasse les deux mondes, et le néophyte de l'Océanie ou de l'Amérique offre, s'il le peut, comme le chrétien des anciennes Églises, l'aumône qui deviendra le salut de ses frères. Admirable concert qui donne un nouvel essor au ministère apostolique de nos jours.

Par ces ressources, le séminaire des Missions Étrangères a pu recevoir et envoyer un nombre toujours croissant d'ouvriers évangéliques.

Nous parlons de besoins, ils sont immenses dans les missions. Ils le sont parmi nous. Mais que sont-ils à l'égard de ces vastes régions où gisent, comme des brebis sans pasteurs, tant d'âmes qui demandent le pain de la parole

sans que nulle main soit là pour le rompre ?
tant d'autres en plus grand nombre qui n'ont
point appris qu'il existe, mais n'en ont pas
moins besoin ?

Ne pourrait-on pas appliquer ici le raisonnement de Bourdaloue sur l'aumône ? « Les temps
sont mauvais, tout le monde souffre. Mais si
les plus riches même souffrent, quelles doivent
être les souffrances des pauvres ? Or celui qui
souffre le moins n'est-il pas obligé d'aider celui
qui souffre le plus ? Et si cela est vrai pour les
biens de la terre, que Dieu abandonne si
souvent aux méchants et à ses ennemis, n'est-
ce pas encore plus vrai des biens spirituels,
qui sont le partage des élus ? »

Toutes les âmes sont à Dieu, toutes rachetées
du même prix. A lui d'assigner à chacun la
part qu'il doit obtenir dans l'œuvre du salut
de ses frères. Là où des pasteurs sont établis
et environnés de coopérateurs, la voie est bien
simple, l'obéissance. Mais pour les régions
moins heureuses, c'est au Seigneur à parler au
fond des consciences. Or, sa voix parle à
plusieurs.

« L'apostolat, d'ailleurs, commence au Calvaire.
Une perpépuelle germination de dévouements
lave, dans l'ivresse du sacrifice, les erreurs et les
fautes que l'orgueil naturel a pu faire commettre.
Les rois tombent, les trônes s'effondrent, les
persécuteurs disparaissent, l'apostolat se perpétue : il est dans tous. les pays, prêchant la
même loi à l'ignorant de bonne foi et au cor-
rompu de décadence. Dans les heures sombres,

quand on le croit à bout d'haleine, un regard suffit à rajeunir sa force. Appuyé à la croix, il lève la tête vers le Maître qui mourut par amour, et les deux bras du Christ, embrassant l'horizon dans un geste sans fin, lui montrent l'éternel avenir. » (1)

FIN

(1) Étienne Lamy. Introduction aux *Missions Catholiques Françaises*.

# TABLE DES MATIÈRES

TABLE DES MATIÈRES

PRÉFACE

Pages

LETTRE V

LETTRE VI

LETTRE VII

LETTRE VIII

LETTRE IX

Aurillac. — IMPRIMERIE MODERNE, 6, rue Guy de Veyre.

OUVRAGES

DE

M. L'Abbé LESMARIE

**

La vie et l'épiscopat de Mgr Baduel, évêque de Saint-Flour. — Ouvrage honoré de l'approbation de six prélats. — 3e édition. — 1 beau volume in-8° avec portrait, 300 pages.

**

Introduction, notes, sommaires et épilogue au **Voyage d'un Missionnaire**, lettres et récits de M. l'abbé SERRE, des Missions Etrangères. — 4e édition. — 1 volume in-8° de 350 pages, illustré.

**

M. l'abbé AURIER, curé-archiprêtre de Mauriac. — Brochure de 60 pages in-8°. — 2e édition.

**

L'enseignement chrétien libre dans le diocèse de Saint-Flour. — Nouvelle édition. — 1 volume in-8° de 200 pages.

**

Mère Marie-Louise et la Congrégation de Saint-Joseph dans le diocèse de Saint-Flour. — Bel in-8° de 350 pages, avec portrait et approbation épiscopale. 3e édition.

www.ingramcontent.com/pod-product-compliance
Lightning Source LLC
LaVergne TN
LVHW021541170726
843501LV00004B/1145